KB184230

노화도 축복이다

노화도 축복이다

초판 1쇄 발행 2024년 11월 30일

지은이 정재영

펴낸이 강기원
펴낸곳 도서출판 이비컴
디자인 디자인붐
마케팅 박선왜

주 소 서울시 동대문구 고산자로 34길 70, 431호
전 화 02-2254-0658 팩 스 02-2254-0634
등록번호 제6-0596호.(2002.4.9)
전자우편 bookbee@naver.com
ISBN 978-89-6245-233-4 (03320)

노화도 축복이다

정재영 지음

이비락 樂

나는 56살 남자다. 10살 때 기억이 생생한데 벌써 늙은 사람이 되어 버렸다. 내 아내는 54살이다. 처음 만났을 때 22살이던 아내가 빛처럼 빠른 30년 세월이 지나자 나이 든 여자가 되어버렸다. 나의 부모님은 80대 중반이다. 4~50년 전 그분들의 젊은 외모 이미지가 아직 내 머릿속에 저장되어 있는데, 부모님은 운동 능력과 체력과 청력이 갈수록 소실되고 있다.

무슨 흑마법에라도 걸린 것 같다. 서럽다. 우리는 왜 이렇게 속절없이 늙어야 하는 것일까. 안타깝고 억울하고 때때로 무섭다.

그런데 이성적으로 생각해 보면 마음이 바뀐다. 질문을 해봤다. 나는 늙는 걸 서럽게 여기는데, 그렇다면 10대나 20대에 지금보다 월등히 행복했다는 뜻인가. 교사와 일진들에게 구타당하고 의미와 목표도 없이 새벽부터 밤까지 암기 공부만 하던 10대의 삶이 행복이었나.

또 20대에는 뭐가 좋았을까. 첫 독립과 첫 데이트와 첫 키스와 첫 취직의 찰나적인 일회성 기쁨을 빼면 목표 없고 고단하고 불안한 삶이었던 건 마찬가지다.

그렇게 자문자답하다 보니 깨닫게 되었다. 노년의 비감은 습관의 결과다. 무턱대고 청춘 상실을 한탄하고 근거도 없이 노년을 비관하는 버릇을 들이다 보니, 늙는 게 서럽고 슬퍼지는 것이다.

나는 청춘 선망 습성을 깨뜨리고 말하고 싶은 진실이 있다. 요컨대 늙은 삶도 괜찮다. 아니 어쩌면 늙을수록 행복하다. 그 이야기를 하는 게 이 책의 목표다.

예를 들어 노화는 스트레스를 줄여준다. 훌륭하게 늙은 사람은 하찮은 일 때문에 괴로워하지 않는다. 또 나이 듦은 진정한 아름다움에 눈뜨게 한다. 내가 얼마나 아름다운지, 아내나 남편이 얼마나 굉장한지, 나의 작은 소유물이 얼마나 빛나는 것인지 알려면 일단 늙어야 한다.

타인의 시각과 사회적 관습으로부터의 자유를 가져다주는 것도 노화다.

평생 우리를 괴롭히는 눈치 보기 습관의 급속한 쇠퇴가 노화와 함께 기적처럼 찾아온다. 그리고 이 세상에 가장 순수한 사랑이라 불리는 손주 사랑을 경험하려고 해도 노화가 필수다. 무엇보다 나이 듦이 우리에게 이제껏 몰랐던 새로운 감각과 희열과 시야를 가져다준다. 노화의 혜택은 그렇게 무척이나 많다.

그런데 나는 왜 노화의 행복을 그렇게 구구절절 이야기하려는 걸까. 믿어야 천국에 가기 때문이다. 노년의 행복을 믿어야 노년이 행복해진다. 반대로 노년의 불행을 확신하는 이는 늙어서 웬만하면 불행하게 되어 있다.

순식간에 노화되어 60대를 바라보는 나와 아내는 가엾지 않다. 80대 중반의 내 부모님도 연민의 대상이 아니다. 젊은 시절에는 몰랐던 노년의 빛나는 행복을 누리고 있으니, 나와 아내와 부모님은 모두 제각기 나름의 이유로 행복하다. 늙는 데도 새로운 희망이 나날이 샘솟으니 감사할 뿐이다. 그런 감사의 이유도 이 책에서 말하고 싶다.

차 례

01 ——

중·노년,
창의와 자유의 나날이다

어린 시절도 축복이고 청춘도 축복이다. 하지만 중노년도 못지않다.
여러 가지 혜택을 주는데, 평생 꿈꿨던 자유를 준다는 사실은
생각해 보면 경이롭다. 하기 싫은 걸 하지 않을 자유가 두 팔을
벌리고 우리를 기다린다.

사람은 끝없이
완성되어 간다

　2018년에 출간된 『아흔일곱 번의 봄 여름 가을 겨울』(양철북)이라는 재미있는 책이 있다. 이옥남 작가는 1922년생 강원도 양양 출신으로 열일곱 살에 결혼해서 아들 둘 딸 셋을 기르며 평생 농사를 지었다. 그런데 결혼한 지 50년가량 지난 일흔 살쯤에 자신도 놀랐을 만한 일이 일어났다. 일기를 쓰기 시작했던 것이다. 그 후 30년 가까이 쓴 일기는 책으로 묶여 세상에 나왔다.

　2014년 4월 11일 이옥남 작가는 밭에서 김을 매고 있었는데 보건소에서 치매 검사를 하러 나왔다는 "젊은 여자"가 다가왔다. 여자는 사는 주소가 어디냐고 너무나 쉬운 질문을 했고 작가는 강원도 양양군 서면이라고 심드렁하게 답했다. 여자의 두 번째 질문은 올해가 몇 년이냐는 것이었고, 작가는 2014년이라고 답을 던져줬다. 그 쉬운 걸 왜 묻고, 왜 답하게 된 걸까. 이런 코미디 같은 짓거리가 치매 검사인가. 작가는 얼토당토않은 검사를 받은 후 심정을 이렇게 밝혔다. "오래 살다 보니 별일이 다 있다."

2014년 3월 13일 아침에는 작은 딸이 전화했고 저녁에는 막내아들이 전화했다. 작가는 이렇게 말한다. "자식이 뭔지 늘 봐도 늘 보고 싶고 늘 궁금하다." 늘 봐도 늘 보고 싶고 늘 궁금하다니, 부모님 마음이 느껴져서 전화기를 들게 만드는 문장이다.

2013년 3월 21일의 기록은 이렇다. "(기침이) 멈추지 않아 뱃가죽도 아프고 갈비가 저려 눈이 뒤집힐 정도다." 심한 기침으로 갈비가 저리고 눈이 뒤집힐 지경이라니, 그 아픔이 그대로 마음에 와닿는 생생한 표현이어서 감탄스럽다.

2003년 4월 29일 비 오는 날에는 딸을 보내고 텅 빈 방에 혼자 남았다. "밖에는 비가 오고 조용한 빈방에는 똑딱똑딱 시계 소리밖에 안 들리네." 빗소리와 시계 소리가 독자의 귀에도 울리는 것 같아 쓸쓸해진다.

이옥남 작가는 생각과 감정을 표현하는 능력이 굉장하다. 그런데 누가 글을 가르쳐준 것은 아니었다. 책에 따르면 작가는 여자가 글을 배우면 오히려 배척당하는 시절에 살았다. 글을 배우고 싶었던 작가는 오빠가 글을 배울 때 어깨 너머로 몰래 배웠고, 결혼 후에도 남편과 시부모가 세상을 뜨기 전에는 글을 아는 척하지도 못했다고 한다. 드디어 1987년 이옥남 작가는 일기를 쓰기 시작했다. 글씨라도 예쁘게 쓰겠다는 생각으로 낮에는 농사일하고 밤에 일기장을 폈던 것인데 수십 년이 흐르자, 저렇게 사람 마음을 흔드는 글을 쓸 수 있는 사람이 되었다. 놀라운 일이다. 아무도 가르쳐주지 않았는데, 어떻게 세상 사람들을 놀라게 하고 울고 웃게 만드는 수준 높은 문장을 깨우쳤을까.

비슷한 사례가 또 있다. 전남 완도군에서 태어난 황화자 작가는 일흔 살이 되어서야 한글 학교에 다니기 시작했고 처음으로 일기라는 것도 써봤다. 2021년 여든이 넘은 나이에 한글 학교 30여 명의 학생과 함께 시화집『할 말은 태산 같으나』를 냈다.

황화자 작가의 작품 중에서 단연 큰 인기를 누린 것은 〈오직 한 사람〉이라는 시다. 2023년 한겨레 등 언론들과 SNS에 널리 소개되어 이목을 끈 그 시는 먼저 돌아가신 남편을 그리며 쓴 것이다.

유방암 진단 받은 나한테 / 남편이 울면서 하는 말, //
"5년만 더 살어." / 그러던 남편이 / 먼저 하늘나라로
갔다 // 손주 결혼식에서 울었다. / 아들이 동태찜
사도 눈물이 났다. / 며느리가 메이커 잠바를 사 줄
때도 / 울었다. // 오직 한 사람 남편이 없어서.

울면서 5년만 더 살아달라고 청했던 남편이 먼저 세상을
떠나고 할머니는 울고 또 울었다. 손주가 결혼해도, 아들이
동태찜을 사줘도, 며느리가 메이커 잠바를 사줘도 울지
않을 수 없었다. 오직 한 사람 남편이 없어서 울음이
멈추지 않았다.

서른 살 여자는 남편이 죽으면 몇 년을 펑펑 울 게
분명하다. 쉰 살 여자도 다르지 않을 것이다. 그런데 일흔
살 넘은 여자는 어떨까. 감정도 눈물도 메말랐을 거라고
생각하면 오산이고 착각이고 모욕이다. 일흔 살이건 백
살이건 사랑하는 사람을 잃으면 누구나 눈물을 쏟는다. 그
당연한 사실을 따끔하게 깨우쳐주는 황화자 작가의 시는
가슴 뭉클하다.

두 할머니 작가의 공통점이 여럿이다. 먼저 일흔 살 쯤에
일기를 쓰기 시작했다는 게 같다. 또 호소력 짙은 수준

높은 글을 쓴다는 점도 같다. 그런데 무엇보다 사람의 끝없는 성장을 증명한다는 사실이 도드라지는 공통점이다.

두 작가는 열 살 스무 살 어린 시절에, 자신이 여든 살 아흔 살이 넘어서 아름다운 글을 쓰게 될 거라고 상상이나 했을까. 아이들 학교에 보낸 뒤 밭에서 일하며, 먼 훗날 자신들의 글이 책으로 나오고 일간지에도 실려서 사람들을 놀라게 하고 감동하게 할 거라고 꿈에라도 생각했을까. 아닐 것이다. 두 작가는 자신들이 이렇게까지 성장할 거라고 상상하지 못했을 것이다.

사람은 자신의 상상보다 훨씬 크고 아름답게 자랄 수 있다. 끝없이 완성을 향해 가는 존재가 사람이다. 그런 삶의 진실을 두 할머니에게서 배울 수 있다.

그러니 우리도 나이가 몇이건, 지금부터 준비해야 한다. 우리는 몇 살까지 살지 모른다. 80살이 넘고 90살이 넘어서 위대하고 눈부신 노인이 될 가능성도 활짝 열려있다. 중년부터 미리 꿈꾸고 계획하지 않으면, 그 아까운 가능성을 포기하는 게 되고 만다.

거울을 보며 자신에게 진지하게 물어보면 좋겠다. 나는 커서 어떤 훌륭한 사람이 될 것인가. 나의 진정한 꿈은 무엇인가.

예를 들어, 나의 경우 큰돈을 벌거나 유명해지려는 욕심은 없다. 내 꿈은 머리가 좋아지는 것이다. 글을 빠르게 읽고 정확히 이해하고 독창적 의견을 내놓으면 그게 머리가 좋은 거라고 나는 정했다. 뇌가 어쩔 수 없이 퇴화할 나이라는 의견도 있지만 나는 씩씩하게 도전하고 싶다. 또 좋은 사람이 되는 것도 노년에 이루고 싶은 꿈이다. 내 기준에 좋은 사람은 자신이 먼저 행복해서 주변의 행복에 기여할 수 있는 사람이다. 불안과 두려움과 걱정이 적거나 그런 감정을 잘 다뤄서 매일 행복한 좋은 사람을 나는 꿈꾼다. 그리고 이옥남 작가나 황화자 작가처럼 마음을 울릴 수 있는 감각과 글솜씨도 소망한다.

여러분은 늙어서 어떤 사람이 되고 싶으신가? 어떤 꿈이건 꿈꾸지 않으면 중·노년을 맞을 자격이 없는 것 같다. 멈추지 않고 새로운 꿈 꾸기가 늙은 사람의 의무다. 이 얼마나 감사하고 행복한 숙제인가.

하고 싶지 않은 일을
안 할 자유가 생긴다

물리학자 알베르트 아인슈타인은 말년에 양말을 벗는 자유를 누렸다.

그는 발이 참 특이한 사람이었다. 젊은 시절 발이 평평하고 땀이 많다는 이유로 스위스에서 군 면제 판정을 받았다. 기뻤을까? 개성적인 자신의 발이 싫거나 부끄러웠을까? 그건 알 수 없었으나, 그를 무척이나 성가시게 했던 또 다른 특징은 발에 있었다. 엄지발가락이 튀어나와 툭하면 양말에 구멍이 났다고 한다. 아인슈타인은 그게 참 신경 쓰이고 불편했다.

그러다 어느 날 아인슈타인은 결심한다. 양말을 아예 신지 않기로 마음먹은 것이다. 지금 남아 있는 연로한 그의 사진을 보면 양말 없이 구두만 신은 게 많다.

제이미 세이앤의 『Einstein in America』(Crown)에 실린 아인슈타인의 자기 선언은 꽤 유명하다. 그는 친구에게 이런 말을 했다고 한다.

"나는 양말 신으라는 남의 말을 듣지 않아도 되는
나이가 되었다."

어릴 때는 부모의 명을 따르지 않기가 어렵다. 이유도
모르고 양말을 신어야 한다. 사회적 압력도 있다. 이를테면
양말 없이 학교에 간 아이는 친구들의 놀림을 받을 것이다.
발에 땀이 많고 엄지발가락이 유달리 긴 아인슈타인은
싫어도 양말을 신어야 했다. 그렇게 오랜 예속의 시간을
보낸 후 그는 발을 옥죄는 양말을 벗어 던지기로 결정하고
실행했다. 내가 내 삶의 규칙을 정하는 것이 자유라면,
아인슈타인은 비로소 연로해진 후에 삶의 자유를
성취하게 된 것이다.

젊은 시절이 자유롭다고 다들 그렇게 말한다.
젊은이들이 마음껏 여행도 가고 여러 선택도 할 수 있으니
자유로워 보일 수 있다. 하지만 청춘이 자유롭다는 생각은
청춘 중심 사회가 만들어낸 신화다. 진실은 다르다. 청춘이
아니라 노년에야 달콤한 자유가 찾아온다. 하기 싫은 일은
하지 않는 자유는 대체로 노년층의 특권이다.

내가 동의하거나 정한 규칙을 따르는 게 자유다. 내가 원치 않는 일을 안 하는 게 자유다. 그런 자유를 어리거나 젊은 사람이 누리면서 살 수 있을까. 아닌 것 같다. 전혀 쉽지 않다.

태어난 아기는 자유가 거의 없다. 원하지도 않았는데 산도를 따라 엄마 몸 밖으로 밀려 나와보면 세상은 아기에게 구속이고 강요다. 부모의 편의를 위해 기저귀를 차야 하고, 영양분이 자동으로 공급되는 뱃속과 달리 목 놓아 울지 않으면 먹을 수 없고, 불편한 옷이 싫어도 입어야 하고, 때마다 목욕물에 담가지고 여러 가지 예방주사를 맞는다. 아기는 자유롭지 않다.

학교에 입학하게 된 아이는 기겁한다. 해야 할 일과 지켜야 할 규칙이 너무나 많아서 다 기억하기도 힘들었다. 아침에 집밖에 나가는 절차만 해도 아주 복잡했다. 세수하고 이 닦고 밥 먹고 머리단장하고 옷과 신발을 골라 착용한 후에야 겨우 집을 나섰다. 학교에 가서도 복도와 교실과 운동장에서 지켜야 할 규칙이 수십 가지였으며 하기 싫거나 귀찮아도 웃으며 인사하고 질문에 대답하고 숙제도 꼬박꼬박하지 않으면 안 된다.

물론 학교생활의 즐거움도 있고 이점도 크지만, 괴로운 것도 사실이다. 몸과 마음에 복잡한 사회 규율을 이식하는 과정을 20kg 남짓 어린아이가 견디는 게 어디 쉽겠는가.

그러면 억압적인 중·고등학교까지 마치고 청년이 되면 자유를 누릴까. 우리나라의 대학과 직장은 피라미드 서열 구조다. 하지만 절대다수는 경쟁에서 탈락해서 원하지 않는 대학을 어쩔 수 없이 다녀야 한다. 직장도 비슷하다. 절대다수는 원하는 직장에 가지 못한다.

왜 대학과 직장 생활의 보람이 없겠는가. 성장과 성취감도 경험할 것이다. 그럼에도 원하는 대로 사는 자유를 잃었다는 사실까지 부정할 수는 없다. 아무리 여행을 다니고 맛집을 찾아다니고 밤새 술을 마셔봐라. 그것은 자유가 아니다. 직장을 그만두고 방황하며 사색할 수 있어야 하는데, 우리 사회에서 그런 자유는 극소수의 용맹한 이들의 것이다. 나머지는 속박되어 살기를 택한다. 하기 싫어도 해야 하는 것, 그것은 자유일 수가 없다.

그런데 사랑에 빠져 결혼하고 아이까지 갖게 되면 더 큰 일이다. 겪어본 사람은 안다. 얼마 있지 않던 자유의 대부분을 잃게 된다. 자녀 양육은 기쁨과 보람을 주지만 그래도 노동은 노동이고 고생은 고생이다. 직장을 버릴 자유가 완전히 사라지는 것은 말할 것도 없다. 그렇게 최소 25년 이상 양육 노동을 해야 조금씩 책임이 줄고 어깨가 가벼워진다.

이제 아이를 다 키워 독립시켰다고 하자. 그런데 50대 후반이며 이미 노화가 시작된 나이다. 평생 의무와 구속 속에서 살다 보면 어느새 노년이 그렇게 찾아온다.

사람은 억울하다고 말한다. 안타까워한다. 평생 고생을 하다 보니 늙어버렸다고 한탄한다. 그런데 사람들이 정말 모르는 것이 있다. 새로운 인생의 시기, 자유로운 인생이 새롭게 열렸다는 사실을 알지 못한다.

노년은 빈손으로 오지 않는다. 뜻밖의 선물을 손에 쥐고 있다. 그중 하나가 바로 자유다. 고맙게도 자녀들은 독립해서 집을 떠나주었다. 부모는 이제 책임과 의무가 많이 줄고 자유 시간이 대폭 늘었다. 아직 가사 노동이나 근로 노동에서 완전한 자유는 아니겠지만, 자녀 양육을 겸할 때보다는 훨씬 편하다. 지켜야 할 규칙도 줄어든다. 나이 들면 원하는 시간에 밥을 먹으면 된다. 청소도 한 달에 한 번 하면 되는 것이다. 하기 싫은 일은 미루거나 조금만 하면 된다. 드디어 자유다.

그런 자유를 얻기까지 50년 넘는 세월이 걸린다. 처음 기저귀를 찬 후 50년을 훌쩍 넘는 시간이 흘러야 구속이 뭉텅이로 줄어들고 자유가 급속히 늘어나는 것이다.

아인슈타인은 양말을 벗었다. 그럴 나이가 되었다고

하면 누가 간섭하지 못한다. 몸이 피곤하다고 엄살을 부리는 것도 완곡한 자유의 기술이다. 미국 코미디언 조지 칼린은 그 비밀을 말했다.

"늙어서 아주 좋은 것 중 하나는 '피곤하다'고 말만 하면 모든 종류의 사회적 구속에서 벗어날 수 있다는 점이다."

하기 싫은 일이 있는데 직설적으로 하기 싫다고 말할 수 없다면 말하면 된다. "피곤하구나"라고 말만 하면, 하기 싫은 일의 구속을 피할 수 있다.

고 박완서 작가가 2002년 그러니까 70살 전후에 쓴 글 "놓여나기 위해, 가벼워지기 위해"도 재미있다(산문집 『두부』에 수록되어 있다.).

당시 작가는 서울 밖으로 이사를 가서 편안하게 "마음 놓고 고무줄 바지를 입을 수 있는 것처럼" 지냈다. 따로 돌봐야 할 사람도 없고 급히 할 일도 없었으니 여유로웠다. 동네 산에도 오르고 하고 싶은 대로 산다. 작가는 그런 삶이 무척이나 좋았다. 젊음과도 바꾸고 싶지 않다고 했다. "안 하고 싶은 걸 안 하고 싶다고 말할 수 있는 자유"가

작가에게는 감사하고 소중했다.

어린 시절도, 청춘도 축복이다. 하지만 중·노년도 그에 못지않다. 여러 가지 혜택을 주는데, 평생 꿈꿨던 자유를 준다는 사실은 생각해 보면 경이롭다. 하기 싫은 걸 하지 않을 자유가 두 팔을 벌리고 우리를 기다린다.

젊은 시절의 우리는 가련했다. 무엇보다 자유가 없었다. 정신적으로나 육체적으로나 속박 속에서 수십 년을 보내야 했다. 이제 나이가 들었으니 다르다. 답답한 양말을 벗어 던질 준비를 하자. 늙으면 자유롭다. 속박 속의 젊은이들에게 희망을 주고 싶다.

"걱정 마라. 당신들도 금방 늙는다"라고.

타인의 평가에서
자유로워진다

밥만 먹고 살 순 없다. 사람은 타인의 평가도 먹어야 산다. 오랫동안 그렇다. 유아 초중고생 대학생을 거쳐 직장인으로 성장하면서 줄곧 친구, 교사, 부모, 후임, 상사 등 남의 평가에 목매다시피 하며 산다.

타인의 평가에 갈급하면서 사는 건 참 괴롭다. 처지가 몹시 불쌍하다. 그런데 고맙게도 해방이 온다. 남의 시선 따위는 신경 안 쓰고 살아도 되는 때가 온다. 미국의 작가이자 칼럼니스트인 어마 봄벡(Erma Bombeck, 1927~ 1996)이 인상적인 말을 했다.

"나이 들면서 가장 좋은 점은 다른 사람을 신경 쓰지 않고 나 자신이 되는 자유이다."

가슴이 쿵쾅쿵쾅 뛰는 기쁜 소식이다. 그게 언제인가.

언제부터 남을 신경 안 쓰고 자유롭게 나 자신이 될 수
있나. 증언을 종합해 보면 타인의 평가에서 해방되는 건
중년부터 조짐을 보이고 노년의 초입에 본격화된다.

미국 내 여러 언론을 통해서 40년 동안 활약한 상담
전문가 앤 랜더스는 이런 말을 한 적이 있다.

> "우리는 20살에는 남들이 자신을 어떻게 생각할지
> 걱정한다. 40살에는 남들이 뭐라 생각하든 신경을
> 덜 쓰게 된다. 60살에는 남들이 우리에 대해 생각을
> 전혀 안 했다는 걸 알게 된다."

타인의 생각에서 해방되는 시점은, 개인마다 차이가
있을 것이다. 사회적 문화적 차이의 영향력도 중요하다.
남의 눈치를 보는 게 중요한 우리 사회에서는 타인의
생각에서 해방되는 시점이 아마 더 늦을 것이다. 하지만
분명히 사실인 것 같다. 나도 동의한다. 나의 아내도 나의
친구들도 대체로 같은 생각이다. 나이 들수록 남의 생각에
대한 염려가 줄어든다. 타인의 평가에 둔감해지고 내
생각을 중시하게 된다. 중년의 끝, 즉 50대 말에 다다르니
그런 변화가 생겨났다.

여기 의미심장한 경험담이 있다. 영국의 유명한 문학

편집자이자 소설가인 다이애나 애실(Diana Athill)은 90살이 넘어서 쓴 책 『어떻게 늙을까』(뮤진트리)에서 이렇게 말했다.

"젊을 때는 우리 존재의 상당 부분이 타인의 시선에 따라 만들어지는데, 이런 현상은 대개 중년까지 지속된다."

타인의 시선이 나의 존재를 만든다. 친구들아 착하다고 평가하면 나는 착한 사람으로서의 행위 양식과 정체성을 갖는다. 반대로 악하다는 평가는 나에게 악한 감정과 태도를 심는다. 다이애나 애실의 경험으로는 남의 평가가 나를 만드는 상황은 중년까지도 이어지는 경우가 많다.

그런데 나이가 더 들면 달라진다. 다이애나 애실의 삶에서는 80대의 성숙한 사람으로 성장한 후에 변화가 일어났다. "내가 80대가 되자… 어떤 일도 나의 자존감에 결정적 영향을 미치지 못했다."는 그의 회고다. 그 변화는 "이상하게도 해방감을 줬다."라고 한다. 그리고 결과가 놀라운 것이었다. "그렇게 편안하고 즐거운 때는 내 인생에 없었다."라고 그는 단언했다.

80대는 불행한 나이대가 아니다. 어떤 사람은 인생을 통틀어 가장 편안하고 즐거운 시간이다.

다이애나 애실의 경우 그 비결은 '타인의 시선 삭제'이다. 타인의 시선을 지워버린다. 타인의 평가에 더 이상 발목 잡히지 않는다. 타인의 평가가 나의 자기 정체성과 자존감에 영향을 끼칠 수 없을 때, 우리는 해방되고 편안하고 즐거운 시간을 맞는다.

물론 일찍 깨달은 선지적 인물은 더 젊은 날에 타인 시선의 지옥에서 벗어날 수 있다. 그렇지 못하더라도 기회는 온다. 60대나 70대 늦어도 80대가 그 시기일 것이다. 나이 먹어 무르익은 우리는 내면화된 타인의 시선을 지워버릴 수 있다.

인생을 되돌아보자. 기억나지 않겠지만 우리는 세상에 방금 나온 갓난아기였을 때 타인을 신경 쓰지 않았다. 남의 평가나 시선이 아니라 자신에게 집중하는 인간 본연의 천진무구한 정신을 가졌었다. 그러다 자라면서 달라진다. 아기는 타자의 시선을 내면화함으로써 서서히 사회화되기 시작하고 그때부터 부모, 친구, 교사, 연인, 직장 상사 등 타인의 시선에 속박되어 수십 년 귀한 시간을 보내게 된다. 하지만 영원한 구속은 없다. 60대가 되고 70대가 되면 큰 변화가 생긴다. 타자를 의식 속에서 삭제하고는 갓난아기의 천진무구한 영혼에 가까워지는 것이다. 노인이 되면 아기처럼 순수한 본연의 인간 정신이 다시 회복된다. 무척이나 신비로운 인생의 사이클이다.

노년이 찾아와야
　　　창의성이 활짝 피어난다

진 코엔(Gene D. Cohen)의 '창의성 공식'이란 것이 있다. 진
코헨은 노인학의 개척자로 평가받는 미국의 정신과의사이다.
그는 아인슈타인의 상대성이론 공식($E=MC^2$)을 곁눈질해서 그
유명한 창의성 공식을 만들어냈다.

$$C=ME^2$$

C는 창의성 creativity이고, M은 지식의 양 mass of
knowledge이며, E는 경험 experience를 뜻한다. 그러니까
지식이 많고 경험이 풍부해야 창의성이 커진다는 말이 된다.

나이 든 사람에게 아주 희망적인 이야기다. 나이가
많을수록 지식과 경험이 풍부할 테니까 자연히 창의성도
높아진다고 말할 수 있기 때문이다.

그런데 정확히 몇 살에 창의성이 최대치에 이를까. 진 코헨이 창의성 절정 나이를 특정하지는 않았지만, 70살 전후 창의성이 만개한 이들에 대해서 집중적으로 말한 적은 있다.(미국 고령화학회 홈페이지(www.asaging.org)에 공개한 진 코헨의 강의록 "마음과 정신의 통합: 인생 후반기의 인간 발달 Uniting the heart and mind: Human development in the second half of life"에 나오는 내용이다.)

진 코헨은 70살 전후, 사회에 큰 영향을 끼친 역사적 인물들이 많다고 말한다. 예를 들어, 소크라테스는 독약을 마셔야 했던 나이가 70살이다. 그의 철학이 아테네 사람들의 신념을 뒤흔들었던 게 발단이었다. 남아프리카공화국의 넬슨 만델라는 70살에 출옥하여 자국민을 넘어서 전 세계인에게 영감을 주기 시작했다. 코페르니쿠스의 지동설 논문이 출간된 것도 그가 70살 때였다. 다음 세기에는 갈릴레오가 코페르니쿠스의 논문을 증명하는 연구를 했다가 구금되었는데 그때가 68살이었다. 지동설은 우주를 전혀 딴판으로 보는 창의력의 산물일 것이다.

우리가 아는 예술가들의 예도 많다. 가령 이탈리아의 작곡가 주세페 베르디는 70대에도 작곡을 했으며,

프랑스의 화가 클로드 모네는 80대에도 작품 활동을 했다. 또 고대 그리스의 극작가 소포클레스는 89살에도 작품을 썼고 피카소는 숨진 92살 때까지 그림을 그렸다. 노벨상을 받은 영국 작가 도리스 레싱도 역시 80대에 작품을 썼다.

많은 사람들이 증명하는 것이 있다. 창의성은 어린아이나 젊은 세대의 전유물이 아니다. 나이 들어도 얼마든지 창의적인 존재로 살 수 있다는 건 소크라테스 이하 많은 이들이 우리에게 알려주고 응원한다. 정말이면 얼마나 좋을까. 지식과 경험이 늘어나서 창의적 역량도 자란다면, 노화를 사랑할 근거를 하나 얻는다. 빨리 늙기를 바랄 수야 없겠지만, 늙어감을 기대와 호기심을 갖고 기다릴 수 있다. 노년의 창의성을 믿는 이가 기쁘게 늙는 마음가짐을 갖게 되는 것이다.

그런데 철학자나 과학자나 예술가도 아닌데 우리에게 창의성이 왜 필요하냐는 의문이 생길 수도 있다. 그럴 때는 질문을 해보자. 창의성은 거룩한 작품이나 이론을 만드는 사람들의 전유물인가. 그러니까 우리처럼 평범한 사람의 창의성은 불필요한 장식이거나 언감생심인 걸까.

당연히 그렇지 않다. 일상에서 창의성은 필요하고 매우 유용하다. 가령, 피자를 시킬 때도 우리는 어마어마하게 창의적일 수 있다.

서두에 말한 진 코헨이 자신의 장인 장모 사례를 여러 곳에서 이야기했다. 70살을 넘긴 장인 장모가 사위 집에서 저녁을 먹기로 한 날이었는데, 워싱턴 DC 지하철역에서 나온 노부부는 무척 난감했다. 강한 눈보라가 몰아쳐서 도저히 걸어갈 수가 없었던 까닭이다. 사정도 전하고 도움을 청하려고 딸네 집에 전화했지만 연락이 닿지 않았다.

어떡해야 할까. 포기하고 돌아가야 할까. 고심하던 노부부는 길 건너편 피자집에 가서 아주 큰 피자 하나를 배달 주문했다. 그리고 조건을 덧붙인다. 피자와 함께 자신들도 그 주소지로 '배달'해달라는 것이었다. 피자 기게는 이 신선하고 독창적인 주문을 받아들였고, 노부부는 맛있는 피자와 함께 사위의 집에 무사히 도착하고는 즐거운 저녁 시간을 보낼 수 있었다.

위 사연을 두고 사위 진 코헨은 노인들에게도 기민한 창의력이 넘친다는 걸 입증하며, 아무리 나이 들어도 창의성은 사라지지 않는다는 걸 증언하는 일화라고 평가했다.

여기서 분석해 보자. 그 노부부가 창의성을 발휘하기 위해 필요했던 것은 무엇일까. 눈보라가 몰아치는 날 피자집은 매출을 고민하게 되어 고객의 요구가 잘 통한다는 지식이 필요하다. 또 피자 업체의 배달 차량에 빈 좌석 있다는 걸 여러 번 본 경험도 요긴했다. 즉 지식과 경험을 바탕으로 창의적인 피자 주문을 할 수 있었다. 여기서 공식 하나가 번쩍 떠오르지 않는가.

$$C=ME^2$$

지식을 많이 쌓자. 책과 언론과 TV 등 매체가 도움을 준다. 경험을 많이 해보자. 가지 않았던 곳에 가고, 하지 않았던 일을 해본다. 기대와 실망을 자주 겪고 여러 시각을 경험해 본다. 그렇게 지식과 경험이 쌓이면, 누구나 창의적인 노년을 맞을 수 있다. 아니 뒤집어서 말할 수도 있다. 지식과 경험이 축적되는 노년이 되면 우리는 더욱 창의적인 사람으로 자란다.

70살이나 90살에 나는 어떤 참신한 생각을 창조하게 될까. 기대되고 궁금하다. 노년의 나에 대한 기대감과 궁금증이라니, 이건 아주 몸이 떨리도록 짜릿하다.

시적 상상력을
기를 수 있다

세월이 가면 정신의 예리함과 속도를 잃는 듯하다. 원인은 머리의 노쇠화와 본인의 나태 중 하나이거나 둘 다일 것이다.

세월이 가도 정신이 뭉툭해지거나 굼뜨는 걸 막을 수 없을까. 수도 없이 많은 방안들이 제시되어 왔지만 92살 독일 의사 마리아네 코흐의 제안이 간편하고 효과적으로 보인다. 『나이 들어도 늙지 않기를 권하다』(동양북스)를 보면 정신 민첩성 유지를 위한 네 가지 실천법이 소개되어 있다.

1. 일기 쓰기
2. 암산하기
3. 메모 붙이기
4. 시 외우기

일기는 단순하지 않다. 아주 복잡하고 강력한 정신 활동이다. 일기를 쓰려면 먼저 집중해야 한다. 그다음 기억을 선별하고, 의미를 부여하고, 적합한 어휘를 고르고, 문장을 조합해서 표현한다. 강도와 수준이 상당히 높은 정신 활동이다. 하지만 문장을 길게 써야 한다면 부담스러워 일기 쓰기가 엄두 나지 않는다.

마리아네 코흐의 조언처럼 한 두 단어만 골라서 그날을 정리하는 것으로도 좋은 일기가 된다.

마리아네 코흐는 암산도 추천한다. 자리를 펴고 암산 연습을 할 것까지는 없다. 일상의 아무 때나 예를 들어 욕조, 버스, 지하철 안에서 암산을 해보라는 게 코흐의 제안이다. 나도 가끔 스마트폰 없이 숫자 계산할 때가 있는데 쉽지 않다. 또 계산을 해내고도 자신감이 없다. 계산을 하지 않으니 그 능력이 날로 하락한다고 봐야 하겠다. 밥 먹듯이 자주 하는 암산 연습이 숫자 감각을 지켜주고 숫자 공포감을 지울 수 있을 것 같다.

메모 붙이기는 기억하기 힘든 어휘를 메모해서 붙여놓는 것이다. 명칭이나 개념을 적은 메모를 냉장고나 책상에 붙여놓으면 된다. 아주 유용한 조언이다. 나이가 들면 단어를 대할 때 느슨하다. 긴장하지 않는다. 그 결과 기억이 점점 어려워지는 것이다. 새로운 명칭이나 개념을 머리에

채우면 지식만 늘어나는 게 아니다. 기억 세포의 민감도를 높이는 효과가 있을 것 같다.

그런데 마리아네 코흐의 네 가지 제안 중에서 가장 눈길을 끄는 것은 시 외우기다. 뇌과학자인 친구가 50살부터 시를 외우기 시작했다고 한다. 시 암기는 "시인의 아름다운 생각을 감상하고 공유하는 길이며, 정신의 민첩성도 길러준다."고 그는 설명한다.

시 암기의 이점은 훨씬 풍부한 주제이다. 우선, 정보를 저장하고 떠올리는 뇌의 능력을 유지하거나 키워준다. 간단히 말해서 기억력이 좋아지는 것이다.

아울러 섬세한 언어 능력도 갖추게 된다. 시어는 대체로 뉘앙스가 미묘하다. 미묘한 어감을 느끼려고 애쓰는 사람은 언어 감각이 민감해진다. 짜고 매운 음식만이 아니라 슴슴하거나 약한 맛을 자주 느낄수록 미각이 민감해지듯이 말이다.

시는 상상력도 키워준다. 시에는 은유가 가득하다. 예를 들어 시에서 삶은 촛불이거나 바다이거나 바위이거나 벌레가 될 수 있다. 시인에게는 만물이 만물과 닮거나 연결되어 있다. 그 무궁무진한 가능성을 살피는 상상력이 시를 읽고 암기하는 가운데 우리 뇌에 자란다.

시를 하나 외워보자. 가령 윤동주의 '별 헤는 밤'은

어떨까.

　가슴 속에 하나 둘 새겨지는 별을

　이제 다 못 헤는 것은

　쉬이 아침이 오는 까닭이요,

　내일 밤이 남은 까닭이요,

　아직 나의 청춘이 다하지 않은 까닭입니다.

　알 듯 모를 듯하다. 슬프면서도 비장하고 차분하면서도 서럽다. 여러 해석을 하는 동안 뇌가 분주해지고 언어 감각이 날카로워진다. 시 암송의 효과다.

　다음은 정호승의 싯구다. "먼 데서 바람 불어와 / 풍경 소리 들리면 / 보고 싶은 내 마음이 / 찾아간 줄 알아라" 애틋함과 상상력이 가슴과 머리에 차오른다.

　다음은 도종환의 싯구다. "흔들리지 않고 피는 꽃이 어디 있으랴 / 그 어떤 아름다운 꽃들도 / 다 흔들리며 피었나니" 위로와 용기를 느끼게 된다.

시를 읽고 외우는 데서 나아가 시를 쓴다면 더할 나위 없이 뇌와 가슴에 유익하다.

　시 쓰기가 어려운 일은 아니다. 고 윤정희 배우가 연기했던 영화 《시》가 있다. 치매기가 있고 가난하고 고단한 할머니 미자는 시를 쓰고 싶으면서도 시 쓰기가 무척 겁난다. 그에게 어떤 시인이 이렇게 말한다.

"시를 쓰는 게 어려운 게 아닙니다. 시를 쓰려는 마음을 갖는 것이 어려운 것이지요."

미자는 결국 시를 쓰려는 마음을 갖게 되고, 비록 맞춤법은 틀리지만 보는 사람의 마음을 울리는 시를 쓰게 된다.

"살구는 스스로 제몸을 땅에 던진다. 깨어지고 밟힌다. 다음 생을 위해."

믿을 수 없는 일이다. 단순하고 투박한 시 한 편인데 깊은 맛 때문에 여러 번 되새기지 않고는 못 배긴다.
역시 믿을 수 없는 일이 또 있다. 10대 때에나 읽고 감동했던 시를 수십 년이 지나서 다시 각별하게 만나게 되다니. 노년은 시를 읽고 쓰기에 좋은 감성적 시절이다.

예술적인 할머니
할아버지가 될 수 있다

내가 다녔던 '국민학교'에서는 그 아이가 가장 예뻤다. 내가 그 아이에게 반한 것은 외모보다는 예술적 재능 때문이었다. 담임 선생님 대신 일주일에 한 번씩 음악 시간에 풍금을 연주했는데, 그 모습이 너무 감동적이고 아름다웠다. 그 아이의 손가락에서 퍼져 나온 음악 소리가 내 가슴에 와닿아 두드리고 스며드는 게 느껴졌다. 그 시절 지방 도시에서 그 아이처럼 피아노든 풍금이든 연주할 줄 아이는 드물었다. 나도 부러워하기만 했다. 예술은 언감생심, 건반에 손가락조차 올려본 적도 없었다. 그게 40년도 훨씬 전의 일이다.

그런데 요즘 내가 아는 한 사람은 60살이 다 되어서 피아노를 배우고 있다고 SNS에 크게 자랑했다. 부러웠고 괜히 잘 생겨 보이기도 했다. 그는 공대를 졸업하고 평범한 직장인으로 살다가 퇴직 후에 뭔가 새로운 경험을 하고 싶다면서 피아노 연주를 시작했다. 그러니까 그 사람은 어려서부터 지금까지 피아노 연주를 한 번도 한 적이 없었다. 환갑에 가까워져서야 피아노를 처음 연주한 것이다. 나는 초등학교 시절을 떠올렸다. 그 시절 풍금 앞의 소녀와 그 아이를 부러워하던 내가 떠올랐다. 그리고 깜짝 놀라며 현실 자각을 했다. 나도 할 수 있다. 이제 나도 선택하면 피아노를 배울 수 있다는 사실이다. 40여 년 전의 꿈을 이제 얼마든지 이룰 수 있는 것이다. 신기한 일이다.

노년에 가까워지면 예술적이고 창조적인 삶을 살 수 있는 기회가 열린다. 이건 일생일대의 귀한 기회. 앞서 기회는 짧게 있기는 했다. 복된 아이들은 어려서 그림 그리기와 악기 연주를 배운다. 그런데 그건 잠깐이다. 초등학교 고학년부터 중·고등학교와 대학으로 진학하고, 이후 직장을 다니면서 중년 시절을 보내기까지 예술은 찬밥이고 불어 터진 라면 취급을 받는다. 그 좋은 시절 동안 창의력과 예술성은 짓눌린다. 대신 성적과 출세와 돈밖에 모르는 속물의 삶을 살라는 압력이 우리를 짓누른다. 그 찬란하다는 청년과 중년 시절은 예술적으로는 대체로 메마른 사막이다.

그런데 위대한 노년이 되면 전혀 다른 하늘과 땅이 열린다. 이제 저마다 창의적이고 예술적인 삶을 누릴 수

있는 파라다이스가 눈앞에 펼쳐지는 것이다. 늙는 것도
나쁘지 않다. 아름다움을 창조하고 만끽하는 예술적인
삶이 우리를 기다린다. 청춘만 위대한가? 노화도 위대하다.
창의성의 면에서, 사막에서 파라다이스로 이동하는 게
노화 과정이다.

　창조적이고 예술적 삶을 누리기 위해서는 먼저 준비해야
할 것이 두 가지다. 대만의 '할머니 의사'이자 작가인
류슈즈의 『나답게 나이 드는 즐거움』(더퀘스트)을 읽으면서
내가 깨달은 것이다. 첫 번째 노화의 두려움 떨치기, 두
번째 남은 시간 소중히 여기기, 그 두 가지 마음가짐을
가져야 편안하게 중·노년의 예술혼을 불태울 수 있다.
　류슈즈는 치매 치료의 권위자이고 신경과 전문의이며
대학병원 교수로 30년 넘게 대학병원 교수로 있었다고
한다. 그 의사 할머니의 책을 읽으면서 나는 노화를
두려워할 필요가 없다는 생각이 들었다.
　류슈즈에 따르면 흰머리는 염색하거나 그냥 놔둬도
멋있다. 검버섯은 간단히 시술하면 나아진다. 백내장으로
시야가 흐려지면 인공 수정체를 이식하면 된다. 청력은
보청기로 보완할 수 있다. 경추 퇴화와 요추 퇴화로 손발
허리 등에 통증이 오면, 약물 재활 수술의 방법이 있다.

나이 들면 소화 기능도 떨어지고 신장 기능도 낮아지는데 그 또한 방법이 없을 리 없다.

노년을 맞으면서 가장 큰 걱정은 건강의 쇠퇴다. 언제 어떤 병이 생길지 모른다는 두려움이 중·노년의 무의식에 깔려 있다. 그런데 하나하나 따져보면 다 방법이 있다. 의사와 약사가 도와주려고 기다린다. 어떤 증상은 수용하고 다른 증상은 호전시키면서 살면 되는 것이다. 그렇게 노화 공포증을 지운 후에야, 우리는 밝아져서 창의적인 삶을 지향할 수 있다.

또, 류슈즈는 자신이 73세인데, 장수 집안인 걸 고려해서 넉넉히 잡으면 18년을 더 산다고 예측하고는 자신이 무엇을 하며 지낼지 계획한다. 그렇게 자신의 남은 시간을 계산하는 게 유익하다. 삶을 알뜰히 살도록 마음먹게 되기 때문이다. 류슈즈의 비유가 재미있다. 박물관 관람 시간이 한두 시간 남은 걸 알게 되면 우리는 가치 있고 관심 있는 전시만 집중적으로 둘러보게 된다. 인생도 얼마 남지 않았다는 걸 인지하자마자 가치 중심의 계획을 세우게 된다. 이렇게 해서 두 가지 준비가 되었다.

노년을 두려워하지 않고 남은 시간을 알뜰히 쓰겠다고 마음먹었다. 이 밝고 알뜰한 마음으로 이제 뭘 하면서 노년을 보내면 될까.

TV 등 매체들이 주야장천 추천하는 것이 있다. 맛있는 음식과 편안한 여행이다. 누구나 끌린다. 맛있는 걸 먹으러 방방곡곡을 다니는 것도 좋겠다. 풍경 좋은 곳을 찾아 세상 여기저기를 편안히 다녀도 좋을 것이다. 그런데 그런 일을 몇 달 반복하면 어떨까. 재미있을까. 아까운 노년을 의미 있게 쓰는 느낌이 계속 들까. 아니다. 지루해질 가능성이 크다. 맛있는 음식도 시원한 풍경도 점차 감동을 잃어갈 것이고 무료해질 것이다. 왜냐하면 감각적인 미식과 편안한 여행은 즐거움을 주지만, 배움과 자기 발견의 밀도는 높지 않기 때문이다.

반대의 예로 피아노 연주는 다르다. 배움이 있다. 힘들게 배워야 하는 과정이다. 또 자신에게 아름다운 소리를 낼 능력이 있다는 자기 발견을 경험한다. 지루할 수 없다. 고통이 있을지언정 무료할 수는 없다.

글쓰기도 미식이나 안락한 여행과 비교할 수 없다. 글을 쓰기 위해 읽고 생각하는 과정 자체가 배움이다. 글은 내가 만든 생산물이다. 글 속에서 내가 보인다. 글은 자기 발견의 과정이다. 미식이나 편안한 여행보다 못할 게 없는 고품격 취미다.

피아노 연주와 글쓰기는 창조적이고 예술적인 행위이다. 새로운 가치, 새로운 감정을 찾아내 그것을 소리와 문자로 표현한다. 창조적이고 예술적인 행위가 배움과 자기 발견을 지속하면서 인생을 보내는 행복한 방법이다.

그러면 대만의 할머니 의사 류슈즈는 무엇을 하면서 지낼까. 이미 은퇴한 후 좋아하는 사람도 만나고 강연도 많이 다니는데 무엇보다 읽기와 쓰기를 꾸준히 한다고 한다. 그리고 70살 가까운 나이에 소설을 써서 문학상도 받았다.

내가 생각하기에 중·노년에는 창의적인 활동을 해야 보람을 느끼고 재미도 맛본다. 그리고 창의적 활동의 공통점은 세 가지다.

첫 번째 위에서 말했듯이 생산적이어야 한다. 무엇인가 만들어야 하는 것이다. 먹는 것은 소비 행위다. 편안한 감상도 생산적이기 힘들다. 내가 글이건 음악이건 그림이건 무엇인가를 만들 때, 나는 훨씬 기쁘다.

두 번째로 조금 어려워야 재미있는 창의 활동이 된다. 즉 배우고 익히는 과정은 우리를 성장하게 하고 즐겁게 만든다.

세 번째로 함께 할 수도 있지만 혼자 할 수도 있는 일이면 좋다. 나이가 들고 모임이 귀찮아질 수 있기 때문에 혼자서도 할 수 있는 활동이 더 편하다.

그 세 가지 조건을 충족시키는 취미나 활동은 아주 많다.

예를 들면 이런 것들이다.

그림, 악기 연주, 글쓰기, 사진 촬영, 뜨개질, 목공예, 독서, 일기 쓰기, 음악 감상, 춤 배우기, 요리, 베이킹, 반려 식물 가꾸기, 영화 감상, 별 관측, 예술 영화 보기, 다큐멘터리 보기…

대인 관계가 불편하지 않다면 책읽기 모임이나 영화 감상 모임에 나가는 것도 좋겠다. 또 원한다면 가수, 연극배우, 뮤지컬 배우의 팬덤 활동을 적극적으로 해도 나쁠 게 없다.

저 옛날 풍금을 치던 그 아이의 연주곡 하나가 기억난다. 〈메기의 추억〉이라는 곡이다.

"옛날에 금잔디 동산에 메기같이 앉아서 놀던 곳 물레방아 소리 들린다 메기 내 사랑하는 메기야~"

나는 그 메기가 사람 이름인 줄도 모르고 도대체 어떻게 물고기와 함께 놀 수 있을까 무척 의아했었다.

아무튼 그 아이는 아직도 풍금을 칠까. 60살 가까운

나이에도 여전히 창의적이고 예술적인 삶을 누리고 있을까. 한 45년 만에 초등학교 동창 여자아이를 떠올렸다고 이실직고했더니 아내가 의미심장한 미소를 띠면서 말했다.

"나도 피아노 오래 쳤어요. 월광 소나타와 체르니 40번을 배우다가 힘들어서 그만뒀지만.."

전혀 몰랐다. 창의적이고 예술적인 영혼이 바로 내 곁에 있었다. 나를 피아노 치는 예술적 노인으로 키워 줄지도 모를 스승이 등잔 아래에 계셨다.

치매 환자도 창의적이다,
　　　　　　너무 두려워말라

　내가 치매에 걸리는 상상만 해도 몸이 떨리고 정신이
아득하다. 너무나 싫다. 나만 그런 것은 아니다. 치매가
죽음보다 못하다는 소리를 흔히 듣는다. 치매에 걸려
기억을 잃고 가족을 괴롭힐 바에야 차라리 죽는 게 낫다고
말할 때, 치매는 인간 최악의 형벌로 규정된다. 그런 시각을
우리 사회 사람들이 공유하는 것 같다.

　우리는 왜 그렇게 치매를 최악의 상황으로 여길까. 체면
때문일 가능성이 높다. 위신과 평판이 그 무엇보다 심지어
생명보다 더 중요하기 때문에, 치매는 죽음보다 더 나쁜
것이 된다.

　이런 태도는 한국인의 특징이라는 주장이 있다.
미국에서 10년 넘게 요양원에 근무한 이은화 작가가 쓴
『나, 치매요... 어쩌면 좋소』(시그마북스)를 보면 한국 출신
치매 환자들은 수치심이나 자책이 지나칠 정도다.

어떤 할아버지는 "가끔 맑은 정신으로 돌아오면 가족들에
대한 죄책감과 수치심에 '젊고 돈 많을 때 왜 총 하나
사놓지 못했을까'라며 눈물을 흘렸다."고 했다.

그 할아버지는 젊었을 때 미국으로 이민가서 오직 가족을
위해 매일 일만 하며 세월을 보냈고, 어느덧 아흔 살이
되자 요양원에서 지내게 되었다. 그런데 치매 증상이
생겼다. 그게 너무나 부끄럽고 싫어서 차라리 총으로 삶을
끝내고 싶다고 말했다.

이은하 작가는 이런 안타까움에 눈물을 흘리며
답답해했다. 늙으면 치매에 걸릴 수 있는데 그게 죽고
싶도록 부끄러운 일이냐고 묻는다. 늙으면 금방 잊어버리고
같은 말을 반복하는 게 정상이다. 노인이니까 그럴 수 있는
것인데, 수치스러워할 필요는 없다고 환자들을 자주 위로해
준다고 했다.

한국 출신 할머니 이야기도 인상적이다. 바지에 배변
실수를 한 할머니는 정신이 번쩍 들 만큼 견딜 수 없는
수치심에 그녀가 선택한 것은 증거인멸이었다. 할머니는
화장실로 들어가 문을 잠그고 세면대에서 바지와 속옷을
손빨래하기 시작했는데, 이게 더 큰 소동이 되었단다.
겨우 설득한 후 문을 열고 할머니 눈빛을 볼 수 있었는데
"허망함과 수치심"이 서려 있었다고 한다.

배변 실수는 요양원에서는 매우 흔한 일이다. 직원에게 빨래를 맡기고 몸을 씻고는 다시 일상으로 돌아오면 되는데, 할머니는 전혀 그러지 못했다. 수치심 혹은 체면 때문이었을 것이다.

이은하 작가가 볼 때 미국인 등 다른 나라의 치매 환자들과 한국 출신의 환자들은 크게 달라 보였다.

"치매를 앓는 다른 나라 환자들이 "나 깜빡했어."라는 말로 끝내는 일을 우리 어르신들에게는 큰 흉터로 가슴에 남는 것이다."

사소한 일이다. 그런데 한국 출신 치매 환자들은 목숨이라도 걸린 심각한 문제로 여긴다. 그러니 괴로움이 클 수밖에 없다. 다른 나라의 노인보다 훨씬 마음에 상처가 크다. 이렇게 해서 우리는 치매 대비 필수품이 무엇인지 알게 된다.

우선 가벼운 마음이 필요하다. 치매 증상을 보여도 늙어서 병이 생긴 결과이니 부끄러워할 일이 아니다. 치매에 걸리면 다 그럴 수밖에 없다. 다 해결 방법이 있다. 시설에 들어가면 되고 나날이 좋아지는 약도 도움이 된다.

그러므로 내가 혹시 치매에 걸려도 쇳덩이처럼 생각하지 말고 가볍게 여겨도 된다. 그러면 치매가 한없이 무섭지 않다.

열심히 대비도 해야 하겠다. 혹시 치매에 걸리더라도 좋은 요양원에 가야 할 테니 돈도 벌어둬야 한다. 즉 성실한 삶이 미래의 치매에 좋은 대비책이다. 나아가서 노인 돌봄을 중요시하는 정책과 사회로 변화하는 노력도 필요하겠다. 선거 때 투표를 잘해야 할 이유이기도 하다.

치매 증상을 자연스러운 현상으로 여겨야 한다. 체면이나 수치심을 느낄 이유가 없다. 아울러 성실하고 건강하게 생활하면서 노후에 대비하자. 그러면 한국인 특유의 과장된 치매 공포에서 한 발 벗어날 수 있다.

그런데 한국인의 치매 공포에는 또 다른 이유가 있다. 미안함이다. 돌봄을 떠안을 가족에 대한 미안함 때문에, 치매는 상상만 해도 치가 떨리고 차라리 죽는 게 나은 질병으로 여겨진다. 내가 치매라면 가족이 고생할 것이다. 분명한 사실이다. 그런데 반드시 불행한 것도 아니다. 치매 가족을 돌보면서 행복할 수 있다. 사례를 보자.

20대에 치매 할머니를 돌봐야 했던 박소현 작가가 쓴 『나는 치매 할머니의 보호자입니다』(굿웰스북스)에 감동적인 사례가 나온다.

할머니는 걸핏하면 박소현 작가를 "도둑년"이라 부르며 추궁했다. 손녀가 자기 돈을 훔쳐 갔다는 환상에 자주 빠졌던 것이다. 한번은 할머니가 칼을 들고 위협하는 바람에 경찰이 출동하기도 했다. 할머니는 배회도 했고 배변 실수도 했다. 젖은 티슈가 버리기 아까워 이불장 안에 넣어둬 썩은 내가 진동하게 만든 적도 있다. 치매 할머니를 돌본 손녀는 말할 수 없이 힘들었을 것이다.

그런데 신나는 일도 있었다.

어느 날 손녀가 목욕하러 욕실에 들어갔다가 수건을 가지러 나왔다. 벌거벗은 손녀를 본 할머니는 눈을 크게 뜨고 놀리듯이 웃었다. 손녀가 엉덩이를 흔들어 보이자, 할머니의 웃음소리는 더 커졌다. 손녀의 귀여운 장난이 할머니를 행복하게 했고 손녀도 기뻤다. 그 후로도 할머니 앞에서 엉덩이를 흔들면서 소녀는 "치매 속의 행복"을 누렸다고 말한다. 그러자 좋은 일들이 뒤따랐다.

"지옥이라 생각했을 때는 할머니를 돌보는 일이 정말
지옥이었다. 그러나 '행복'할 수 있다고 생각하자 더는
지옥이 아니었다. 그러자 할머니의 공격적인 행동,
의심하는 행동이 점점 줄어들었다… 치매에 걸려도

즐겁고 행복할 수 있을까? 그렇다. 행복할 수 있다. 보호자도, 가족도, 간병인도 행복할 수 있다."

내가 치매 환자가 되면 가족은 당연히 고통을 받을 것이다. 그러나 반드시 불행한 것은 아니다. 아마 새로운 행복을 찾아내서 잘 지내는 것도 가능하다. 그렇게 생각하면 가족에게 미안해서 치매보다 죽음을 택하겠다는 독한 마음은 접게 된다.

수치심과 미안함을 줄여야 치매 공포에서 벗어날 수 있다. 치매 공포에서 벗어난 사람은 노년에 대한 부정적 이미지 중 한 덩어리를 떼어내 버린다. 치매 공포를 떨친 이의 가장 큰 보상은 담담함이다. 차분하고 평온하게 노년기 속으로 걸어 들어갈 수 있다.

그런데 수치심과 미안함을 깨끗이 씻어낸다고 해도 문제가 남는다. 여전히 치매는 무섭다. 남는 문제가 무엇일까. 바로 나의 문제다. 치매가 싫은 세 번째 이유가 있다. 내가 지워지는 게 싫다. 내가 사라지는 게 끔찍하니까 치매도 끔찍하고 늙는 것도 끔찍한 것이다.

여기서 중요한 질문을 해보자. 내가 사라진 후에 내게 어떤 일이 생길까. 치매가 진행되면 우리는 정말 '깜깜한 방에 갇힌 백치'가 될까. 아니면 죽은 거나 진배없는 좀비의 영혼을 갖게 되는가. 그렇다면 당연히 무섭다. 그런데 만일 그게 아니라면 치매도 노년도 덜 무서워진다. 미래가 덜 무섭다면 현재의 우리가 더 행복할 수 있다.

치매에 걸린다고 백치가 되는 건 아니라는 주장도 있다. 언어, 기억, 판단에 장애가 생겨도 삶은 계속된다고 한다. 나와 가족을 잊어도 나는 또 다른 기쁨과 보람과 창의성을 느낀다는 증거가 있다. 그게 사실이면 치매는 내가 사라지는 병이 아니라, 새로운 내가 생기는 병일지도 모른다.

미국 노인학자 앤 베이스팅(Anne Basting)의 연구가 치매 환자에 대한 편견을 보기 좋게 깨준다.(참고한 논문은 위스콘신 대학교 앤 베이스팅 교수의 〈치매 환자들의 창의적인 스토리텔링과 자기표현 Creative Storytelling and Self-Expression among People with Dementia〉이며, 국내에 출간되지 않은 책 『치매에 대해 생각하기 : 문화, 상실 그리고 노령 인류학 Thinking About Dementia: Culture, Loss, and the Anthropology of Senility』에 실려 있다.)

여기서 말하는 치매 환자는 알츠하이머병에 의한 치매 환자인데, 앤 베이스팅 교수는 논문 서두에 이렇게 질문한다.

"기억이 쇠퇴해서 자기 인생의 기본 사실에 대한 이해가 느슨해지면, 무엇이 남을까. 치매가 닥쳐도 사람은 계속 성장하고 창의적 표현을 할 수 있을까."

답을 얻기 위해 앤 베이스팅 교수는 미국 밀워키 등
4곳에 있는 치매 환자 시설에서 1주일에 1회 환자를
모아놓고 연구를 진행했다.

연구 대상자는 알츠하이머 중반 증상을 보이는 치매
환자들이고, 연구팀이 한 일은 스토리텔링 수업이었다.
즉 이야기를 지어내도록 치매 환자를 이끌었던 것이다.
연구자가 치매 환자들에게 사진을 보여주면서 여러 질문을
했다.

이 등장인물의 이름은 무엇인가요?
당신이라면 뭐라고 부르고 싶나요?
사진의 배경에 어떤 음악이 흐르고 있을까요?

아마도 추가 질문도 많았을 것이다. 이를테면 "어떤
일이 일어날 것 같나요?" 혹은 "이 사람들은 왜 이런다고
생각하나요?"와 같은 질문이 던져졌을 것이다.

그러면서 치매 환자들은 서로 경쟁도 하고 협조도
구해가면서 이야기를 만들어갔고, 연구자는 대화를
조율하고 이끌어가면서 기록한다.

그렇게 치매 환자들은 수십 개의 스토리를 창작했는데, 눈길을 끄는 사실은 자유가 주제인 게 많았다는 점이다. 그런 이야기의 주인공은 제약이나 사회적 압력을 이겨내고 자유를 쟁취한다.

가령 치매 환자들이 지은 어느 이야기에서는 "여성 파일럿이 자유를 느끼기 위해 하늘을 날았다. 가족이 그녀에게 관심을 보이지 않았던 것도 하늘을 난 이유다."라고 되어 있다.

또 다른 이야기에서는 타조를 타고 교회를 다니는 여성이 동료 신도들의 비웃음을 듣기도 했지만, 결국 그런 비웃음을 극복한다는 이야기가 있다. 또 치매 환자들은 사람 관계를 주제로 이야기를 만들어내기도 했다.

떠들썩한 저녁 파티 장면을 보고는 "존 고티의 생일 파티"라고 이름 붙였고, 이미지 속 사람들이 "살이 쪘기 때문에 다이어트 음식을 먹는다."는 설명을 붙였다.

팔씨름하는 나이 든 커플을 보고 만든 이야기에서는 "두 사람이 처음으로 사랑에 빠졌다."는 설정도 나온다.

예술적이며 초현실적인 스토리도 있었다. "우리는 카스트로를 만나고 싶다."라는 제목의 이야기에서는 한 어린 소녀가 코끼리를 타고 쿠바로 간다. "그 아이는 멀리 갔다. 원래 아이들은 그렇다."고 이유를 지어냈다.

치매 환자들이 이야기를 창작하는 동안 연구자들이 적극 개입하기도 하거나, 또는 방구석에 가만히 서 있기도 했다. 재미있고 창의적인 이야기가 연구자들은 감탄하게 만드는 경우도 많았다.

그런데 치매 환자들이 지어낸 이야기의 내용보다는 창의적 활동의 효과가 더 의미심장하다. 병상에 누워 있거나 휠체어에 앉아서는 거의 해본 적이 없었을 창작 활동이었다. 창의적인 스토리텔링 수업이 18주 동안 진행된 후 어떤 변화가 생겼을까.

먼저 치매 환자 시설의 직원들이 놀랐다. 수준이 높고 재미있는 이야기를 만들어내는 창의성이 치매 환자에게 있다는 걸 그들은 미처 몰랐다.

그들이 보기에 환자들은 극적으로 변화했다. 스토리텔링 수업 초기에는 아무 말도 하지 않고 움츠러들었지만 갈수록 개방적인 태도를 갖게 되었으며, 적극적으로 이야기를 지어냈다고 한다.

치매 환자들이 수동성과 침묵의 감옥을 깨뜨리고 스스로 적극성과 발언권을 얻어낸 것이다. 깜짝 놀랄만한 진화였다.

치매 환자의 가족들도 스토리텔링 수업이 일으킨 변화를 목격했다. 첫 번째로 치매 환자들이 이야기를 먼저 꺼내는 일이 늘었다고 한다. 가만히 듣거나 단순한 대답만 하는 게 아니라, 자신이 목적을 갖고 대화를 주도한다는 뜻이다.

또 정신적 혼란 상태가 줄었었다고 한다. 치매 환자의 인지 능력이 향상되었다는 의미가 된다. 그리고 치매 환자들이 이전보다 인생의 즐거움에 대해 더 많이 이야기했다. 자신의 생활에서 기쁨을 찾아내고 만끽하는 능력이 자란 것이다.

치매 환자들은 처음 만난 연구팀과 새로운 친교도 맺었다. 연구 보조 역할을 한 대학생들은 치매 환자들에게 자신들이 쓸모 있고 중요한 사람으로 비치는 것이 너무나 행복했다고도 말했다. 서로 교감하고 소통하면서 친밀해졌다는 뜻이다. 치매 환자는 새로운 사회관계를 맺을 능력이 있다.

앤 베이스팅 교수의 질문들은 답을 얻은 셈이 되었다. 첫 번째로 기억이 쇠퇴해서 자기 삶의 중요한 사실들을 잊으면 무엇이 남을까. 삶이 사라지지 않고 남는다. 기억을 상당히 잃어도 새롭게 사회관계를 맺고 웃고 즐거워하는 인생은 계속되었다. 두 번째로 치매가 닥쳐도 사람은 계속 성장하고 창의적 표현을 할 수 있을까. 치매 환자들은 변화하고 성장하면서 이야기를 창조해 냈다. 치매가 성장과 창의성을 지우지는 못한다고 봐야 하겠다.

위의 연구 결과가 절대적으로 옳거나 유효하다고 말할 수는 없을 것이다. 하지만 중요한 통찰을 주는 것도 사실이다. 치매 환자의 영혼도 비치매인들의 영혼처럼 생명을 가졌다는 건 부정하기 어렵다.

치매 환자들은 기억 중 상당 부분을 잃는다. 이성적인 언어 능력도 약하다. 그러나 그들은 창의적인 생각을 하고 즐거움도 누리면서 사는 존재들이다. 인간으로서의 의미 있는 삶이 치매 환사에게도 있다.

비장애인이 지적 장애인이나 정신 장애인을 업신여기거나 연민하는 것은 옳지 않다. 장애가 있어도 그들은 각자의 논리와 기쁨과 행복을 지녔으며, 존중받을 권리도 가진 사람들이다. 기억이 뚜렷한 내가 기억이 없는 미래의 나를 업신여기거나 연민할 이유도 없다. 미래의 나도, 그때는 또 다른 내가 되어서, 즐겁고 행복하고 창의적인 정신 활동을 하면서 살아갈 테니까 말이다.

이렇게 생각하자. 치매에 걸리면 또 다른 내가 태어난다.

망각은 비통하지만 그래도 나의 삶은 지속될 것이다. 그렇게 믿어야 사회적으로는 치매 환자에 대한 차별이나 학대의 가능성이 줄어들고, 개인적으로는 치매 공포증에서 벗어나 좀 더 담담하게 나이들 수 있다.

02 _____

나이가 쌓이면
새로운 사람이 된다

세월은 소중한 것을 하나 빼앗고 소중한 다른 것을 준다. 예를 들어 청년의 자신감을 빼앗고 노년의 겸손을 내준다. 또 육체적 힘을 앗아가는 만큼 고요하고 강한 마음을 준다. 하나를 앗고 하나를 내주는 공정한 양손을 가진 세월의 면모를 느껴보라.

감정의 낙폭이
줄어든다

툭하면 화를 내던 사람도 노인이 되면 조금은 온화해진다. 마음속 우울이나 불안도 세월과 함께 약해진다. 젊은 시절에는 감정의 노예가 되기 쉽지만, 나이 들면 감정 조절 능력이 향상되는 기쁜 변화가 찾아온다. 그 이유는 크게 두 가지로 정리할 수 있다.

첫 번째로 거론되는 이유는 경험이다. 나이가 든다는 것은 경험이 늘어난다는 뜻이고, 웬만큼 성찰 능력이 있는 사람은 경험에서 교훈을 얻게 된다. 예를 들어, 화를 내봐야 나쁜 결과가 생길 확률만 높다. 또 두려움은 환상에 기초한 감정인 경우가 많다. 아울러 슬픔은 지속적이지 않고 곧 지워진다. 그렇게 감정의 속성을 경험을 통해 배우고 나면, 감정에 휘둘리는 일이 줄어든다.

나이 많은 사람이 감정 조절에 능해지는 두 번째 이유는 다소 불쾌할 수 있다. 뇌의 정보 처리 속도 저하가 감정 조절 능력을 높인다는 설명이 있다. 어떤 일이 일어나도 중·노년의 뇌는 늦게 반응한다. 누군가 터무니없는 실수를 해도, 무례하게 굴어도, 나에게 손실을 입혀도 뇌는 조금 천천히 정보를 처리하게 된다. 그러면 반응에 앞서 생각할 시간이 더 늘어나는 것이고, 그에 따라 감정적으로 응답하거나 행동할 가능성이 낮아진다고 볼 수 있다.

맞는 말인 것 같다. 급하게 반응하면 어리석은 말과 행동을 하기 쉽다. 천천히 반응해야 올바른 말과 행동을 할 수 있다. 매사에 여유롭게 반응하는 그 훌륭한 삶의 태도가 나이 들면 저절로 찾아온다. 약간의 뇌 퇴화가 선사하는 전혀 뜻밖의 재능이 느린 반응 태도다.

나를 놓고 봐도 위 두 가지 설명은 타당한 것 같다. 내가 경험을 통해 알게 된 것은 '나쁜 감정의 무효용성'이다. 화나 슬픔이나 불안은 효용이 없다는 것을 나는 수없이 화를 내고 슬퍼하고 불안해한 끝에 굳게 알게 되었다. 물론 아직도 화내고 슬퍼하고 불안해하지만, 이성으로는 대체로 쓸모없는 감정 표출이라는 사실을 뻔히 안다. 그렇게 나쁜 감정의 무효성을 알고 나면 감정 조절이 좀 더 쉬워진다.

뇌 퇴화도 나의 감정 조절 능력을 높이는 것 같다. 나의 특징적인 뇌 퇴화 현상은 빠른 망각이다. 부정적 감정의 발생 이유를 금방 잊는 것이다. 가령 못마땅한 표정으로 앉아 있는 나에게 아내가 질문을 던지면 이런 식으로 대화하게 된다.

"당신 화가 났나요?"

"예. 화났어요. 표정 보면 모르나요?"

"왜 화가 났죠?"

"남 기분을 상하게 하는 말을 하면 안 되죠. 그러지 마세요."

"내가 뭐라고 했나요?"

"그게…… 뭐냐면… (큰일이다. 뭐였지? 기억이 안 난다.)"

10분 전쯤에 들었던 그 기분 나쁜 말이 뭐였는지 생각이 안 나는 일이 가끔 있다. 아내가 나에게 말을 걸었으니 이제 본격적으로 항의하고 화도 표출해야 할 텐데 이유를 잊는다. 내 분노의 방아쇠가 빠져서 어디론가 굴러 들어가 버린 셈이다. 당혹스럽다. 그런 황망한 경험 때문에 화가 나도 화를 내면 안 될 것 같이 위축되고 위축이 습관화되면서 아예 화를 줄이게 된 것 같다.

슬픔의 이유도, 불안의 이유도 예전처럼 오래 기억되지 않는다. 그러니 슬픔과 불안에 휘둘리는 일이 조금씩 줄어들게 되었다. 조금 우습지만 사실인 것 같다. 축적되는 경험 말고도 뇌 퇴화가 감정 조절 능력을 높여준다.

감정 조절 장애를 겪던 청년에게는 자기 성찰과 수양이 필요하지만 더욱 절실한 것은 세월이다. 나이 들면 과잉 감정이 저절로 치유되는 작은 기적이 찾아온다. 나이 듦은 고마운 것이다. 매너가 사람을 만든다고 했는데, 세월도 성격 좋은 사람을 만든다.

나이 들수록 감사의
마음이 커진다

　세월은 소중한 것을 하나 빼앗고 소중한 다른 것을 준다. 예를 들어서 청년의 자신감을 빼앗고 노년의 겸손을 내준다. 또 육체적 힘을 앗아가는 만큼 고요하고 강한 마음을 준다. 하나를 앗고 하나를 내주는 공정한 양손을 가진 세월의 면모는 이 책의 주제이기도 하다.

　여기서는 감사의 마음이 이야깃거리다. 나이 들면서 야심은 줄어들지만 감사의 마음이 커진다. 자신의 현재 상황과 관계와 소유 등을 고맙게 생각하는 마음이 세월이 갈수록 자란다. 그것은 가난하건 부유하건 그리고 문화권의 영향이 어떠하건 전 세계 사람들이 다 비슷하다.

　나이와 감사의 상관관계에 대한 가장 포괄적인 연구를 이룬 사람이 있다. 미국 미시간 주립 대학의 윌리엄 초픽 William Chopik 교수(심리학)는 2021년 연구 결과로 해외 언론의 주목을 받았다.

연구 대상의 규모가 상당하다. 88개국 450만 명의 거대하고 복잡한 샘플이었는데 결론은 간명하다. 나이 들수록 삶에 감사하는 마음이 커진다는 것이다.

좀 더 구체적으로 보면 은퇴에 가까워지면서 삶에 대한 고마움이 커진다. 이후의 상승 그래프는 삶의 최종 단계에 조금 꺾이는데, 이는 신체적 정신적 고통 때문으로 추정한다. 예를 들어, 암과 같은 불치병으로 숨을 거두게 된 사람이라면 감사의 마음이 줄어드는 게 당연할 것 같다. 하지만 그렇게 부침이 있다고 해도 중·노년층의 감사하는 마음은 20대 30대보다 월등히 높은 수준이다.

뜻밖의 사실도 연구에서 확인되었다. 사회의 문화가 다르고 GDP 규모가 달라도 기본 경향은 똑같았다. 그러니까 교육 여건이 좋지 않고 생활 수준과 기대 수명이 낮은 나라여도 연령이 높을수록 감사도 커졌다. 1조 원을 가진 사람이나 1백만 원을 가진 사람이나 나이 들면 모두 자신의 삶과 관계와 경제 여건에 감사하게 된다는 점에서 동질적인 존재들이다.

왜, 나이 들면 고마운 마음도 커질까. 연령과 감사의 비례 관계를 해명하는 설명 방식은 크게 두 가지다. 먼저 삶의 지혜가 쌓이고 탐욕이 줄어든 결과라는 심리학적 설명이 가능하다. 그리고 뇌과학적 설명으로는, 감정을 다루는 뇌의 편도체가 갈수록 부정적 정보에 대한 민감도가 떨어지기 때문이다.

그런데 그 이유가 무엇이건, 감사의 마음이 복권 당첨보다 값지다는 사실이 더더욱 중요하다. 감사는 금은보화이며 만병통치약이며 삶의 구원이다. 감사하는 사람에게는 놀라운 일들이 줄줄이 펼쳐진다.

우선, 감사하면 마음의 평화가 찾아온다. 마음이 폭풍우 치던 바다에서 잔잔한 호수로 변한다. 마음이 평화롭다는 건 고통이 줄어든다는 뜻이다. 삶에 감사하면 삶이 편안해진다.

감사하면 정신이 강해진다. 불안에 떨지 않고 혼란에 휘둘리지 않으니 마음의 중심이 탄탄해진다. 쉽게 무너지거나 물러서지 않는다. 게다가 잡념이 없어지니 집중력이 높아진다. 공부면 공부, 놀이면 놀이 그 어떤 것도 잘 해낼 수 있다.

감사하면 인간관계가 깊어진다. 누군가가 나를 고마워하는 사람에게는 고마움을 그대로 돌려주고 싶은 게 인지상정이다. 친구, 가족, 동료에게 진심으로 감사하는 사람이 인간관계의 행복을 누릴 수 있다.

반대로 상대에게 불만족한 사람은 인간관계를 지옥으로 경험하는 것이 당연하다. 감사의 마음은 기적적인 효능을 갖는다. 몇 가지 명언을 읽어보자.

감사는 부정적인 감정의 해독제이며 시기, 공격성, 걱정, 짜증의 중화제이다.(심리학자 소냐 류보머스키)

감사하면 두려움이 사라지고 풍요로움이 나타난다. (작가 앤서니 로빈스)

감사는 가장 강력한 인간 감정 중 하나다. 감사를 표현만 해도 태도가 바뀌고 전망이 밝아지며 시야가 넓어진다.(언론인 겸 작가 저머니 켄드)

감사는 삶을 근본부터 개선하는 감정이다. 감사만 유지해도 우리는 더할 나위 없는 행복을 누리면서 살 수 있다. 몸이 좀 아프거나 다소 가난해도 감사가 치유해 주고 위로해 준다.

그런데 이 놀라운 감사의 마음이 중·노년에 저절로 찾아온다. 웬만큼 성격이 비뚤어지지 않은 사람들에게 감사의 태도가 노화의 선물로, 무상으로 주어진다. 아주

기쁘고 고마운 일이다. 늙는다고 나쁘지만은 않은 이유가
하나 더 추가되었다.

따뜻한 사람이 된다

나이 들면 따뜻해지기 쉽다. 이상하게도 특별히 애쓰지 않았지만 저절로 따스해진다. 까닭이 무엇일까. 그건 인간이 안쓰러운 걸 내 몸으로 겪어 배웠기 때문이 아닐까 싶다.

산문집 『호미』(열림원)를 보면 고 박완서 작가는 60대에는 "촌철살인의 언어"를 꿈꿨는데 70대가 된 이제는 "나도 모르게… 따뜻하고 위안이 되는 글"을 원하게 되었다고 했다.

촌철살인의 원래 뜻은 무시무시한 말이다. 단어 그대로 살인을 뜻한다. '짧은 철 조각으로 사람을 죽인다'는 뜻인데, 모두 알듯이 비유적으로 쓰여서 짧은 말로 감탄하게 하거나 정곡을 찌른다는 의미가 되었다.

박완서 작가는 60대에는 촌철살인의 쇳조각같이 강하고 냉철한 글을 쓰고 싶었으나 70대에는 부드럽고 따스한 글을 원하게 되었던 것 같다. 강함에서 부드러움으로, 냉철함에서 따뜻함으로 지향점이 이동했다면 작지 않은 변화다. 이런 변화는 왜 생겼을까. 작가 자신도 알 수 없다고 했는데, 순전히 내 짐작으로는 관절 통증이 출발이었을지도 모른다.

나는 40대 후반부터 무릎이 살살 아팠다. 등산 시간이 대여섯 시간을 넘어가면 항상 왼쪽 오금이 아프기 시작했고 끝내 불편한 걸음으로 하산하곤 했다. 세월이 좀 더 지나자 고관절이 뻐근했고 오른쪽 엄지와 왼쪽 검지가 미세하게 아팠고 어깨도 탈이 났다. 당연히 젊은 시절에는 이런 적이 없다. 심한 운동을 하거나 타박상을 입지 않고서야 관절 통증은 순전히 나와 인종이 다른 노인들의 질환이었다.

50대 중반에 손가락이 아파 병원에 갔다. 컴퓨터 자판을 치는 손가락은 내게 중요한 경제적 자산이어서 가기 싫은 마음을 억누르고 간 병원이었다. 정형외과 의사는 의사는 X-레이 이미지를 보면서 손가락뼈 간격이 좁아져서 통증이 생기는 거라고 알려줬다. 무슨 치료 방법이 없을까 물었더니 그는 이렇게 말해줬다. "뼈마디 간격이 넓어지기를 바라는 것은 다시 젊어지기를 원하는 것과 같아요." 쇳조각에 맞아 피살되는 느낌이 그런 게 아닐까. 무슨 말인지 알기 쉬웠다. 납득도 되었고 노화를 내 운명으로 받아들이자고 마음먹게도 되었다. 그런데 차가운 말이었다. "당신은 늙었으니 적응하고 사세요."처럼 들렸다. 단박에 찍어 눌러 계몽하겠다는 의지가 번득였다. 아픈 사람에게 그것도 구걸하는 게 아니라 돈 벌게 해주는 고객에게 그렇게 냉정해야 했나. "치료하시고 손가락을 살살 쓰시면 괜찮을 거예요."라고 말하면 충분했다. 아직 팔팔한 그 젊은 의사가 따뜻해지려면 고된 노화 체험이 필요할 듯싶었다.

물리 치료를 받으면서 나보다 연로한 분들을 봤다. 앉거나 누워서 치료를 받는 노인들의 풍경은 마법의 수정 구슬처럼 나의 미래를 보여줬다. 나도 저렇게 되어가는구나 싶었다. 또 그분들의 통증을 이해할 수 있었다. 그들은 아무런 잘못도 하지 않았는데 몸이 아프다. 법을 어기거나 누구에게 모질게 굴지 않았어도 저절로 구석구석 뼈마디가 아프다. 나의 미래가 될 가엾은 사람들이다. 그들에게 말을 건다면 아마도 어질고 부드럽고 따뜻한 말이었을 것이다.

병원 밖으로 나와서 보니 아플 사람들 천지였다. 젊은 청년도 머지않아 저절로 손가락과 무릎과 허리가 아프기 시작할 것이다. 지연시킬 수 있을지는 몰라도 끝내 피할 수는 없다. 안쓰럽게 느껴졌는데, 그 순간 오른쪽 어깨를 '탁'치는 느낌이 들었다. 깔깔거리고 뛰어가던 10대 아이들이 내 어깨와 중간 강도로 부딪힌 것이다. 하지만 아이들은 깔깔 웃음을 멈추지 않았고 뒤돌아보지 않은 채 제 갈 길을 갔다. 그 아이들이 돌아봤어도 냉철하게 훈계하지 않고 부드럽게 웃어 보이고 말았을 것이다. 관절통 덕분에 촌철이 아니라 양털 같은 마음을 갖게 되었던 것 같다.

꼭 노화가 아니어도 인간은 불쌍하다. 인간은 꽃잎처럼 연약한 존재다. 실제로 다 부서지고 파편이 되는 걸 피하기 어렵다. 인간의 연약함은 세 가지로 나눌 수 있겠다.

첫 번째 육체적인 연약함이다. 사람 몸은 쉽게 아프다. 건장한 몸을 만든 사람도 감기 바이러스를 이길 수 없고 운이 나쁘면 중병에 걸린다. 나이 들면 몸은 더 연약해진다. 이유 없이 여기저기 아프다. 통증을 내지 않고 묵묵히 망가지는 장기는 더 많다. 흔히 어른을 나무에 비유하지만 육체를 지켜줄 탄탄한 껍질이 생기지는 않는다. 목피가 없으니 어른도 새싹 그대로다. 키만 클 뿐 인간은 평생 새싹으로 살며 그래서 몸이 연약할 수밖에 없다.

두 번째로 인간은 심리적으로 연약하다. 다른 사람

한마디에 마음이 다쳐 평생 아프다. 남이 뭐라 하지 않아도 혼자 슬픔, 괴로움, 두려움 등의 감정에 마음이 조금씩 부서지는 게 인생의 과정이다. 사람 마음에도 단단한 껍질이 생기지 않는다. 나이가 들어 경험이 쌓이면 마음이 조금 넓어지고 단단해지기는 한다. 하지만 조금일 뿐이다. 단단한 껍질이 생기는 정도는 아니어서 늙은 부모는 젊은 나와 거의 비슷하게 유약한 심리를 갖고 있었다. 사람의 마음도 내내 연약한 새싹 그대로다.

세 번째 존재적인 연약함도 인간의 운명이다. 몸이 아무리 튼튼하고 마음에 상흔이 하나 없어도 인간 존재는 근본적 불안에 휩싸인다. 이를테면 삶의 불확실성이 두렵고, 살아가는 의미가 무엇인지 몰라 혼란스럽다. 무엇을 꿈꿔야 하는지 자신의 선택이 올바른 것인지도 모르니 불안정하다. 그리고 죽음이 있다. 결국 죽을 것을 아는 인간은 아마도 다른 동물에게는 없을, 평생의 불안을 품고 지내는 불쌍한 존재이다.

인간은 육체와 심리와 존재가 가엾다. 나이 들면서 모든 사람이 가엾다는 걸 느낄 기회가 늘어난다. 특히 늙어서 몸이 아픈 반려자나 부모의 손을 잡고 있으면 가슴 아프고 눈물이 난다. 사실 우리 가족만 그런 게 아니다. 세상 사람들이 다 그렇게 측은하다. 그런 깨달음 뒤에는 마음이 부드러워지기 쉽고 부드러워진 마음은 따뜻한 말로 표현되는 일이 많다.

나도 앞서 말한 성형외과 의사처럼 냉철하게 말하기를 좋아했다. 예를 들어서 삶의 고통을 호소하는 친구에게는 이렇게 말하길 즐겼다. "인생에 고통이 없기를 바란다고? 그건 어리석고 헛된 바람이다." 물론 맞는 말이기는 하다. 인생의 중대한 이치를 말했다. 하지만 그렇게 차갑게 말한다고 무슨 효과가 있을까. 괴로운 친구에게 무슨 진통이 될까. 사실은 나만 뿌듯할 뿐이다.

냉소와 의연함을 과시하고는 마음이 부풀어 오르는 것이다. 이제는 반성한다. 공감 어린 위로를 충분히 버무려야 했다. 충고를 빼도 좋다. 위안만 되어도 그것으로 충분했다.

어쩌다 그렇게 마음을 바꾸고 후회하게 되었을까. 아무리 이 악물고 버텨도 인간은 심리적 고통과 존재적 불안에서 벗어날 수 없다는 걸 안 뒤에, 나는 마음이 누그러져서 후회할 수 있게 되었다.

성장통이 있다면 노화통도 있다. 늙으면서 여기저기 몸과 마음이 아프다. 성장기 아이들도 몸만 아니라 마음에도 통증이 심할 테고 그런 성장통을 겪은 후에 쑥쑥 자라게 된다. 노화통도 우리를 변화시킬 것이다. 아마 좀 더 부드럽고 편안하고 따뜻한 사람에 가까워지지 않을까. 나는 나의 변화를 직접 보고 싶다. 어떤 변화이고 어떤 기분일지 궁금하다. 내가 나의 노화에 호기심을 느낀다니 예전에는 예상치 못한 신기한 일이다.

마음의 회복력이
높아진다

당신이 머나먼 우주, 화성에 홀로 낙오되었다면 마음이 어떨까. 절망의 눈물을 흘리며 엎어져 있을까 아니면 다시 씩씩하게 일어나서 어떻게든 살길을 찾게 될까.

2035년 화성의 아키달리아 평원이다. 미국 우주인들이 화성 탐사 임무를 수행하다가 위험천만한 모래바람이 불어닥치자 급히 떠나기로 했다. 그런데 5명은 이륙선에 올랐는데 마크 와트니가 없다. 그가 쓰러지는 걸 본 동료들은 마크 와트니의 죽음을 확신하고 자기들끼리 떠나버렸다. 이미 영화로도 유명한 소설 『마션』(앤디 위어, 알에치코리아)은 그렇게 시작한다.

깨어나 정신을 차려보니 마크 와트니는 화성의 유일한 인간이었다. 통신 시설도 망가져 자신의 생존을 누구에게 알릴 방법조차 없다. 화성 탐사 우주선이 다시 오기는 하는데 1,412 화성일을 기다려야 한다. 화성일은 지구의 하루와 길이가 거의 같다.

마크 와트니는 그야말로 절망적 상황에 놓여 있었다. 남은 식량을 아껴먹어도 400일 후에는 굶어 죽을 게 분명하다. 그런데 아무도 자신이 죽는 걸 모를 것이다.

얼마나 외롭고 무서울까. 이 정도면 심리적으로 무너져야 한다. 나 같으면 분명히 그랬다. 넋을 놓고 눈물도 흘리며 긴 시간을 보낼 것 같다. 내가 아는 많은 사람도 다르지 않으리라. 그렇다. 약한 자는 자포자기와 후회와 공상의 달콤함을 즐긴다.

하지만 소설 주인공쯤 되려면 비범해야 한다. 마크 와트니는 정신이 아주 튼튼하다. 절망적 상황에서도 이성을 잃지 않고 오뚝이처럼 일어나서 할 수 있는 일을 해냈다.

비축 식량과 약품을 정리했고 태양 전지 장치를 점검하고 물 환원기와 산소 발생기를 진단했으며 모래에 묻힌 로버도 끄집어냈다. 그는 지구와 통신할 방법까지도 찾아냈다. 심지어 그는 땀을 뻘뻘 흘리며 기지 안에 밭을 일궈서 감자까지 키웠다. 마크 와트니는 고무공 같은 마음을 가졌다. 새로운 문제가 생기면 잠시 주저앉았다가도 다시 튀어 올라 해결책을 찾아냈다.

마크 와트니는 가족 생각도 했다. 자기가 죽은 줄로만

알고 있을 부모님은 인간이 견딜 수 있는 가장 큰 고통을 겪고 있을 게 틀림없다. 슬픈 일이다. 눈물이 날 법도 하다. 그런데 와트니는 금방 마음을 회복하고 이렇게 혼잣말한다. "끝까지 살아남아서 보답하는 수밖에."

맞다. 눈물 흘리며 좌절하는 게 불효다. 살아서 지구로 돌아간다면 그게 최고의 보답이다. 가족 걱정에 빠져들 겨를이 없다. 온 정신 에너지를 집중해서 살길을 찾아야 한다. 그게 최선의 효도다. 그는 가족을 만나기 위해 가족을 잊고 생존 작업에 몰두한다.

나는 이렇게 멋있는 캐릭터를 흔히 보지 못했다. 완전한 절망과 고립 상태에 빠졌지만, 감상에 젖지 않고 혼란 속에 주저앉아 있지도 않는다. 툭툭 털고 일어나서 낙관적인 태도로 합리적인 방안을 찾아내고야 만다. 여유롭고 유머러스하기까지 하니 더욱 멋있다.

모두 아는 개념을 쓰자면, 마크 와트니는 회복탄력성이 높아서 매력적이다. 난관과 실망을 겪어도 마음을 탄력적으로 회복하는 사람이 회복탄력성이 높다. 최대한 줄이면 회복 탄력성은 '다시 일어나는 힘'이다. 쓰러져도 곧바로 일어나는 회복 탄력성이 없으면 영화나 소설의 주인공이 되긴 어렵들다.

그는 수없이 많은 위기가 닥치지만 항상 밝은 마음을 추스르는 피터 팬처럼 높은 회복탄력성을 가졌다. 가난과 여성 차별 앞에서도 버티고 버틴 샬롯 브론테의 『제인 에어』의 주인공 제인도 좋은 예다.

현실 세계에서는 그 옛날(1977년) 전 국민에게 4전 5기 챔피언 신화를 보여준 전직 권투 선수 홍수환이 있다. 그들은 마크 와트니처럼 회복탄력성의 화신이다. 멋있다. 환호와 박수를 보내고 싶다. 너무나 부럽다.

그런데 나이 든 사람에게 기쁜 소식이 있다. 나이가 들면 그 훌륭한 심리적 자신이 넝쿨째 굴러들어 온다. 회복탄력성이 나이 들수록 커진다는 연구 결과가 있다. 미국의 실리콘밸리 신생기업 베터업(BetterUp)은 정신 건강 서비스를 제공하는 기업체로서 규모도 크고 상당히 이름도 높다. 그곳이 2022년 1,500명의 미국 직장인을 대상으로 한 조사를 진행했는데 나이와 회복탄력성이 비례 관계에 있다는 사실이 확인되었다.

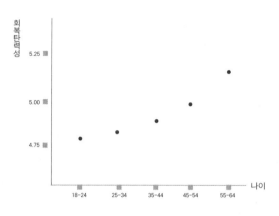

《출처 : www.betterup.com》

55살에서 64살 사이, 즉 60살 전후에 회복탄력성이 최상이다. 20살 전후, 30살 전후의 회복탄력성 수준은 비교 거리도 안 된다. 특히 50살 전후에 비하면 60대 전후에 회복탄력성이 크게 높아졌다.

그러면 70대나 80대에는 어떨까. 위 조사는 저연령 직장인들을 대상으로 했기 때문에 가장 성숙한 고령 은퇴자에 대한 자료는 없어서 아쉽다. 하지만 경험과 성찰이 쌓이면서 고연령자의 회복탄력성이 갈수록 높아질 거라고 유추하는 게 충분히 가능하다.

그러면 좀 더 상세히 이야기해 보자. 나이 듦의 보너스인 회복탄력성은 어떤 이점을 주는가.

회복탄력성은 낙관성을 낳는다. 여기 한 사람이 어려움에 부닥쳐 엉덩방아를 찧고 주저앉아 있다. 계속 퍼질러 있으면 자신은 더 작고, 벽은 더 높아 보인다. 엎드려 우는 사람에게는 상황이 더 나빠 보인다. 안 된다. 벌떡 일어나야 한다. 그럴 때 벽은 낮아지고 나의 다리 근육에 에너지가 차오른다. 자신감이 생기고 희망의 빛이 보일 것이다. 상황과 자신에 대한 낙관적 이미지가 생겨날 수밖에 없다. 막대한 어려움이 닥쳤을 때, 첫 번째 할 일은 무작정 기립이다. 툴툴 털고 일어나서 고개를 들고 하늘을 본다. 그 순간 낙관적 믿음이 혈관에 흐를 테고 마음이 화창해진다. 회복탄력성이 우리에게 낙관성을 수혈한다.

예를 들어서 결혼식 한 달을 앞두고 연인이 바람나서 달아났다고 가정해 보자. 인생에 몇 번 겪기 힘든 고난이다. 충격이 클 것이다. 그렇다고 엎드려 울고 있으면 절망적 상황은 지속될 뿐이다. 다시 일어나 옷을 차려입고 거리로 나가서 산책하고 커피를 마시고 사색하는 사람이 희망을 찾을 수 있다. 큰 재산을 날려버린 무능한 사업가도 똑같다. 방에 틀어박혀 있는 동안에는 미래가 더욱 어두워지겠지만, 두 발로 일어나서 친구를 만나고 멘토를 만들고 읽을 새 책을 구입한 후에는 낙관의 근거를 찾게 된다.

회복탄력성이 높은 사람은 이성적이다. 물론 어려움이 닥치면 짜증스럽고 불안하고 무섭다. 긴장해서 진땀도 흘리게 된다. 그렇게 감정적인 사람은 회복탄력성이 낮다. 정신이 탄력적인 사람은 감정에서 금세 벗어나 이성적으로 생각하고 합리적인 방안을 찾을 수 있다.

예를 들어, 동료 우주인들이 자기들만 떠나버리고 나만 화성에 남았다고 생각해 보자. 임시 기지는 부실하고 통신 장비도 없고 식량도 충분치 않다. 왜 무섭지 않겠나.

인공지능 로봇이 아니니까 죽음을 상상하면서 몸을 떨게 될법하다. 하지만 거기가 갈림길이다. 회복탄력성이 높은 사람이 두려움에서 곧바로 빠져나와 합리적이고 이성적인 해법을 찾는다. 자신이 처한 상황을 냉철히 분석하고 생존 가능성을 조금이라도 높이기 위해 분투할 것이다. 이를테면 감자를 입에 넣으며 눈물을 흘리는 게 아니라 그 감자를 밭에 심어 기를 방법을 생각한다. 이성적이어야 마음에 탄력성이 자란다. 감정이 과대 생장한 사람은 슬픔과 두려움 따위에 안겨서 일어나기 싫어한다. 이성적 태도가 회복탄력성의 증거이다.

그 외에도 많다. 회복탄력성이 높은 사람은 지구력이 뛰어나다. 웬만해서는 목표를 도중에 포기하지 않는다. 또 자기 규율도 회복탄력성의 결과이다. 나태해지거나 약해지는 자신에게 규율을 부여하고 바로 잡는다. 회복탄력성이 높은 사람은 또한 창의적이다. 마음이 가볍고 밝아야 창의성이 생겨나는 건 당연하다. 끝으로 앞의 모든 이유로 회복탄력성은 성공을 부른다. 사업이나 직장 생활뿐 아니라 악기 연주나 시 쓰기 같은 취미에서도 탄력적인 사람이 성공하기 쉽다.

달갑고 흐뭇한 일이 아닐 수 없다. 그 좋은 회복탄력성이 나이 들수록 높아진다. 그러니까 중·노년층은 표리부동한 사람들이다. 피부는 자글자글한 건포도일지라도 정신은 탱탱한 고무공이다. 겉은 푸석해 보여도 속은 탄력성이 넘친다. 비결이 뭘까. 인생의 산전수전을 거뜬히 견뎌낸 베테랑의 자신감이 높은 회복탄력성의 밑천일 것이다.

밝고 행복한 기억이
늘어난다

　속도나 심화 정도는 개인 편차가 있지만, 나이가 들면 결국에는 기억력이 저하될 수밖에 없다. 보고 듣고 느낀 것이 머리에 저장이 되지 않는다니 분명히 슬픈 일이다. 그런데 세상에는 조화로운 규칙이 몰래 작동하는 모양이다. 우리는 잃기만 하지 않는다. 기억력을 잃으면 행복한 기억이 주어진다.

　2016년 미국의 신경생물학자 마이클 야사(Michael Yassa) 교수가 눈길을 끄는 논문을 발표했다.(마이클 야사는 캘리포니아 대학교 어바인캠퍼스의 교수이며 아래 내용은 대학교(faculty.sites.uci.edu)의 자료 〈삶의 긍정적 사건에 대한 선택적 기억과 초기 기억 손실 Selective memory for the good things in life may signal early memory loss〉을 참고했다.)
　마이클 야사(Michael Yassa) 교수 연구팀은 노인들에게 세 종류 이야기를 들려줬다. 슬픔과 안타까움이 느껴지는 어두운 이야기, 듣기만 해도 행복해지는 밝은 이야기, 이도 저도 아닌 중립적 이야기가 그것이다. 청취 후 노인들은 3회에 걸쳐 기억 테스트를 받는다.

결과를 보면 기억력이 약화된 노인들의 특성이 뚜렷했다. 밝고 긍정적인 이야기를 더 자세히 기억한다는 것이었다. 중립적이거나 어두운 이야기보다는 긍정적인 이야기가 선택되어 노인들의 뇌리에 깊이 새겨졌다.

얼마 전 들은 이야기가 아니라, 더 먼 과거에 대한 기억도 선택적일 가능성이 충분하다. 가령 옛 연인과 다퉜던 기억보다 다정하게 대화하던 기억이 더 뚜렷해지는 것이다. 또 취업 실패의 아픔은 잊히고 직장에서의 승승장구가 떠오른다. 그렇게 슬프고 어두운 기억은 약화되는데 반해 기쁘고 밝은 일에 대한 기억이 갈수록 선명해진다면 그건 축복이다. 행복한 사람이 되기 때문이다.

나만의 일도 아니겠지만 나는 하루에도 여러 번 과거의 나쁜 기억이 떠오른다. 주로 연상에 의해서다. 가령 TV 장면과 비슷하게 내가 친구들에게 놀림당하던 장면들이 머릿속을 채울 때가 있다. 또 단어 하나가 연상의 방아쇠가 되어서 야단맞았거나 실패했거나 창피했던 장면을 머릿속에서 폭죽처럼 터트리기도 한다.

그런 나쁜 기억들은 괴롭다. 그럴 때마다 스트레스 호르몬 '코르티솔'이 나의 콩팥 윗부분에서 뿜어져서 종횡무진 몸 전체를 관류할 것이다. 나쁜 기억은 나의 현재를 불행하게 만드는 독성을 갖고 있다.

나쁜 기억이 정체성을 해친다는 점은 더욱 유해하다. 나쁜 기억이 많은 사람은 자신을 가치 없는 존재로 확신한다. 행복하거나 웃거나 즐기는 것은 언감생심이 된다. 나쁜 기억은 기분만 망치는 게 아니라 정체성까지 훼손하기 때문에 해롭기 그지없다.

좋은 기억이 많은 사람은 정반대다. 행복 호르몬 '세로토닌'이 분비되어 불안 우울 초조감을 씻어준다. 시시때때로 떠오르는 좋은 기억은 자기 삶을 긍정적으로 보게 한다. 곁에 고마운 사람이 많다는 느낌도 안겨준다. 아울러 정체성도 좋은 기억 덕분에 건강해진다.

그런데 이렇게 고마운 기억이 늘어나는 연령대가 있다. 위에서 봤듯이 고령자는 좋은 기억의 비중이 높아지는데 이것은 기억력 감퇴 덕분이다. 빨리 잊지 못하는 사람은 불행하다. 쾌활하게 냉큼 잊는 성향이 축복이다. 기억력을 조금 내주고 행복을 듬뿍 돌려받는 노년은 결코 불행한 시절이 아니다.

젊은 시절에는 다르다. 젊은 이의 뇌는 부정적 기억에 집착한다는 게 과학자들의 설명이다. 그 화려한 시절 동안 우리는 나쁜 기억을 떠올리며 괴로워한다. 나이가 적당히 들어야 뇌가 원숙해져서 행복한 기억의 비율을 높이는 자기 조정을 실행한다.

괴팍한 노인도 없진 않지만 다수의 할아버지 할머니는 온화하고 여유롭다. 기쁜 기억이 많으니까 행복해지고, 행복해지면 여유로워지는 게 당연하다. 행복한 노인은 고마운 사람이다. 주변의 가족과 친구에게도 행복을 전파하기 때문이다.

스트레스가
　　　　줄어서 좋다

하늘이 내려준 고연령의 혜택 중 하나는 스트레스 감소이다.

스트레스는 팽팽한 긴장감과 무거운 압박감이다. 난폭 운전하는 못된 사람, 성격 나쁜 직장 상사가 우리에게 스트레스를 준다. 질병, 관계, 위험, 숙제도 스트레스의 원인이다. 스트레스의 해악은 강력해서 천하의 갑부나 종교 지도자도 괴롭히다가 쓰러뜨릴 수 있다. 그러니까 스트레스는 황산 같다. 금속을 녹이고 유기물을 분해하는 황산의 이미지를 스트레스가 갖고 있다.

그런데 그 끔찍한 스트레스가 나이가 들면 줄어든다니, 노년을 앞둔 사람들로서는 무척 기쁜 소식이 아닐 수 없다. 내가 자료를 찾다가 링크에 링크를 따라서 미국 은퇴자협회(AARP) 웹사이트(www.aarp.org)에서 흥미로운 기사를 발견했다. 기사의 요점은 나이 들면 스트레스가 줄어 마음이 편해진다는 내용이다.("50살 이후 스트레스가 신체에 미치는 영향 What Stress Does to the Body After 50"을 참조했다.)

2021년 미시간 대학에서 조사한 바에 따르면 50살에서 80살에 이르는 사람들의 65%가 정신 건강이 좋거나 아주 좋다고 답했다. 중년과 노년층에서 정신적 고통을 받는 사람은 35% 정도로 소수였다는 이야기다.

회원이 4천만 명인 비영리 단체 미국 은퇴자협회의 2020년 설문 조사 결과에서도 중·노년층은 정신적으로 편안했다. 스트레스가 심하다고 답한 사람이 40대에는 38%였는데, 50대에는 33%, 60대에는 18%, 70대는 13%로 줄었다.

이것은 중·노년층이 스트레스 원인이 없기 때문이 아니라 스트레스 상황을 편안하게 받아들이기 때문이다. 어바인 캘리포니아대학 심리학과 교수 수잔 찰스(Susan Charles)는 미국 은퇴자협회와의 인터뷰에서 말했다.

"예를 들어 노년층과 젊은층을 실험실로 데려와 불편한 상황에 노출했을 때, 젊은층은 민감하게 반응하는 반면 노년층은 스트레스를 받지 않는다고 답할 가능성이 훨씬 높다."

젊은이들보다 노년층은 긍정적 감정 자극은 받아들이고, 부정적인 감정 자극은 무시한다는 걸 밝힌 연구가 많은데, 수잔 찰스 교수는 노년층은 젊은층이 없는 풍부한 세 가지 자산을 갖고 있기 때문이라고 설명한다. 그것은 인생 경험, 자기 지식, 넓은 시간 관점이다.

첫 번째로 인생 경험은 괴로운 상황에 대처하는 기술과 해법을 가르쳐준다. 연애 파국, 직장에서의 해고, 타인과의 갈등은 고통스러운 경험이지만 쌓이면 예방과 대처 능력이 높아진다.

두 번째로 자기 지식도 스트레스를 줄여준다. 자신의 장단점과 특성에 대한 지식이 자기 지식인데, 이런 지식이 부족하면 좌충우돌하면서 스트레스받는 일이 늘어난다. 나이와 함께 쌓이는 자기 지식은 자신에 맞는 상황을 선택하게 돕는다. 가령 자기가 내성적인 걸 아는 사람은 떠들썩한 모임을 피할 수 있다. 자기 지식이 풍부한 노년층도 스트레스 없는 상황을 적극적으로 찾기 때문에 편안할 가능성이 높다.

세 번째 자산인 넓은 시간 관점은 눈앞의 현재만이 아니라 저 멀리 미래까지 폭넓게 보게 한다.

예를 들어, 20대 청년은 당장의 취업 실패를 인생 전체의 실패와 동일시하여 무너지기 쉽지만, 인생을 길게 살피는

50대는 작은 실패가 사소한 인생 다반사라는 걸 알기 때문에 괴로움이 덜하다.

사람은 오늘이 가장 힘들다고 생각한다. 올여름이 가장 더운 것 같고 올 겨울이 못 견디게 혹한인 듯싶다. 정신적 고통도 그렇다. 노인은 현재의 자신이 가장 괴롭다고 생각하기 쉽다.

하지만 그게 아니다. 스트레스는 갈수록 줄어든다. 활달한 젊은 시절보다 중후한 중·노년에 사람은 더 편안하다. 앞에서 하늘이 내려준 선물이라고 했는데, 실은 각자가 이룬 성과라고 해야 맞다. 인생 경험을 쌓고 자기 지식을 누적시키고 시간 관점을 넓히느라 고생한 보상이 노후 스트레스 저감 현상이다.

편안한 심플 라이프가
기다린다

복잡한 삶은 황폐한 삶이다. 시간이 없는데 일이 꼬여있고 목표가 너무 많고 높으면 숨이 막히는 삶이다. 복잡하지 않고 단순한 삶이 훨씬 낫다.

유명한 예로 철학자 임마누엘 칸트가 단순한 삶의 표본을 보여줬다. 그는 매일 밤 10시에 잠들었다가 새벽 5시에 일어나서 책을 읽고 글을 쓰다가 비가 오나 눈이 오나 똑같은 코스를 산책했다고 한다. 또 식당에서 똑같은 밥을 먹었고 고향 쾨니히스베르크에서 평생 멀리 떠난 적이 없다고도 한다. 너무나 단조로운 삶이다. 얼마나 심심했을까.

우리와 심리적으로 좀 더 가까운 사례도 있다. 수학계에서 권위가 높은 필즈상을 받은 수학자 허준이 교수(프린스턴 대학교)도 보통 사람은 놀랄 정도로 단순한 삶을 산다. 2023년 6월 동아일보와의 인터뷰에서 밝힌

바 그는 몇 달 동안 같은 식당에서 똑같은 메뉴로 점심 식사를 하고 있었다. 고기를 구운 빵에 싸서 먹는 중동 요리가 맛있어서 그런 게 아니다. 자극을 피하고 삶을 단순화하기 위해서 같은 음식을 날마다 먹는다고 했다. 보통 사람은 못 참을 고역이다.

칸트나 허준이 교수는 왜 그렇게 단순한 삶을 살았을까. 좋은 점이 뭐가 있길래 매일 똑같은 생활을 주야장천 반복하고, 똑같은 점심밥을 입에 넣었을까.

그건 아마도 심플 라이프가 풍미 깊기 때문일 것이다. 그들은 쓰디쓴 약을 삼키듯이 이 악물고 지루함을 견딘 게 아니다. 단순한 삶은 아주 맛이 탁월한 삶이다.

단순화는 본질을 남겨두고 나머지를 지우는 것이다. 단순한 삶도 똑같다. 본질적인 것만 남기고 무가치한 것은 지워버리는 게 단순한 삶이다. 그러니까 단순한 삶을 사는 사람은 중요한 문제에 정신과 에너지를 집중하고 잡다한 것은 잊는다. 머리가 맑아질 것이다. 스트레스가 줄어들 수밖에 없다. 작업 효율이 높고 창의성도 상승할 것이다.

좋아하는 음악에 몰입하는 순간을 떠올리면 된다. 사랑하는 사람의 눈을 바라보면 모든 것을 잊어버리는 순간을 상상해도 좋다. 내가 가장 좋아하는 하나만 남겨 놓고 그것에 정신을 집중한다고 생각해 보자. 얼마나 행복할까. 그게 심플 라이프의 기쁨이다.

50대 후반이 되어서 인간관계가 좁아지고 은퇴도 준비해야 한다면, 그것은 심플 라이프가 다가오고 있다는 뜻이다. 의식이 선명해질 것이다. 아울러 멀티 태스킹은 가고 싱글 태스킹의 생활이 시작된다. 스트레스가 점차 줄어들면서 뜻하지 않게 성격도 좋아질지 모른다.

소수의 중요한 문제에만 집중할 수 있는 심플 라이프는 중·노년의 선사품이다. 그동안 멀티 태스킹 삶을 영위하느라 고생한 것에 대한 보답이고 보상이다.

혹시 너무 심심해지면 가끔 복잡하고 바쁘게 산다. 그리고 다시 심플한 삶으로 돌아와서 푹 쉴 수 있다. 그런 과정을 반복하면 된다. 젊은 날에는 이런 특혜를 누리기 어렵다. 쉼 없이 복잡한 삶을 살아내야 한다. 심심해지는 게 특권이고 특혜다.

유쾌하고 쾌활한
사람이 되고 싶어진다

10대부터 친했던 내 친구는 아버지를 좋아하고 싶어도 좋아할 수 없었다. 아버지가 통제와 지시로 양육했기 때문이다.

아버지는 교사였다. 남자 고등학교에 오래 재직했는데, 그 옛날 선생님들은 심각하고 근엄한 표정이 통제와 자기방어의 필수 수단이라고 여겼다는 걸 중년 이상 독자라면 다들 기억할 것이다.

그런데 친구 아버지는 학교뿐 아니라 집에서도 심각하고 근엄하기는 마찬가지였는데, 친구의 회고로는 아버지가 세 가지 말씀을 자주 했다고 한다.

"안돼." "그건 잘못이야." "이렇게 해라."

자녀의 행동을 멈추게 한 후(안돼), 부정적 평가를

내리고(그건 잘못이야), 자신의 지시를 따르라고(이렇게 해라) 명령을 하는 것이다. 사실 그렇게 낯설지 않다. 나도 저런 말을 많이 하면서 아이를 키웠다. 전형적인 가부장의 화법이고, 많은 부모가 자주 집에서 저지르는 말실수의 기본 패턴이다.

사람은 본능적으로 자율성을 원하니까 통제 부정 명령의 말을 좋아하는 건 불가능하다. 친구는 아무리 애써도 아버지를 마음으로 좋아할 수는 없었다. 그런데 아버지는 교직 은퇴 후 달라졌다고 한다. 60대의 아버지는 점점 부드러워졌고 웃음이 많아졌으며 끝내 말도 달라졌다. 종종 이런 말씀을 했다고 한다.

"괜찮다. 좀 잘못되면 어때? 네가 원하는대로 하면 된다. 하하하"

여러 해가 걸리기는 했지만 실로 큰 변화다. 아버지는 팔짱을 끼고 야단치던 사람이었는데 두 팔을 벌리고 안아주는 사람으로 변했다. 가족들의 숨통이라도 거머쥐려던 아버지가 편하게 놓아주고 쓰다듬는 사람이 되었다. 요정이 마법을 부렸는지 불평 많던 아버지는 유쾌한 아버지로 변신했다.

그런데 변신에는 시간이 걸렸다. 퇴직 직후에는 엄격하고 진지한 태도 그대로였다. 친구 가족들은 아버지를 피하고 거리를 두려고 애쓸 수밖에 없었다.

쉽고 분명한 개념으로는, 아버지는 따돌림을 당한 것이나 다름없다. 아버지는 한동안 외로웠을 게 분명하다. 외로운 사람은 홀로 방에 앉아서 자신을 뚫어져라 되돌아볼 수밖에 없다. 그리고는 어떻게든 돌파구를 찾게 마련이다. 가족 관계 개선을 이뤄서 외로움에서 벗어나려면, 근엄함을 버리고 유쾌함을 택해야 한다고 아버지가 깨달았을 거라고 친구는 짐작한다.

정확한 결심 내용이야 알 수 없지만 어떻든 엄격한 아버지가 수년에 걸쳐 부드럽고 밝은 사람으로 변모했다. 치명적이었던 폐암 때문에 고생하면서도 통증이 심하지 않을 때면 많이 웃고 유쾌한 표정이었는데 한번은 이런 말씀도 했다고 한다. "너희는 너무 심각해하지 말고 재미있게 살아라."

항상 심각하고 진지하게 살아야 한다고 수십 년 주야장천 훈계하던 아버지가, 별안간 재미가 더 중요하다고 말했다. 강철처럼 심각했던 아버지가 마시멜로처럼 부드러워졌다. 그리고 돌아가시기 전까지 몇 년 동안 "부드럽고 유쾌한 삶이란 이런 것이다"라고 스스로 몸소 보여주었다.

자녀가 실수하거나 실패를 반복해도 환하게 웃으며 "괜찮다. 아무것도 아니다."라고 위로했다. 아픈 몸으로 힘겹게 산책하면서도 밝은 표정이었다. 어머니가 "까다로운 당신 때문에 내가 고생이 많았다."라고 짐짓 심각하게 원망했을 때 아버지는 껄껄 겸연쩍게 웃고는 미안하다고 사과한 후 오른쪽 검지를 세워서 어머니의 옆구리를 쿡 찔러 끝내 함께 웃었다고 한다.

실로 놀라운 반전이다. 그런데 이런 인생의 반전은 금방 이룰 수 없다. 친구는 이런 반전을 보려고 40년 넘는 세월이 필요했고, 친구 아버지는 캐릭터의 극적 반전을 보여주려고 70년 가까이 우여곡절을 겪어야만 했다. 긴 시간을 보내야 인생의 반전 결말을 볼 수 있다. 젊은이는 인생 드라마의 초반만 본 시청자다. 중년은 인생 축구 후반전 10분까지만 본 축구 팬이다. 다 늙어야 결말이 보인다. 공짜가 아니다. 노화라는 관람료를 내야 인생 드라마의 절정 결말까지 다 볼 수 있다.

친구 아버지가 자녀들에게 즐겁게 살라고 권했다니, 다른 두 사람의 조언도 자연히 연상된다.

첫 번째는 키키 키린이다. 연기력만큼이나 빛나는

삶의 지혜로 유명했던 일본 영화배우 키키 키린이 이렇게 말한 적이 있다. "부디 세상만사를 재미있게 받아들이고, 유쾌하게 사시길." (『키키 키린의 말』, 마음산책)

세상의 일을 재미있게 받아들인다는 건, 슬퍼하거나 화내거나 무서워하지 말라는 의미이겠다. 어떤 일이 생겨도 웃긴 일로 받아들이는 것이다. 위에서 말한 친구 아버지의 조언 그대로다. "너무 심각해하지 말고 재미있게 살아라."

일본의 평론가이자 교수인 작가 와타나베 쇼이치도 신나고 가뿐한 삶의 가치를 강조했다. 그는 『처음 나이 드는 사람들에게』(슬로디미디어)에서 이렇게 말했다.

"은퇴 후 인간관계를 맺기 위해 가장 필요한 것은 무엇일까? 그것은 바로 쾌활함이다."

쾌활하려면 사소한 일에 큰 의미를 부여하고 매달리면 안 된다. 그러면 신경이 곤두서서 민감해지고 화가 난다. 누가 그런 사람과 놀아주겠나. 외로운 노년을 맞기 십상이다.

그 반대여야 한다. 웬만한 일은 다 사소한 일로 치부하고 웃어넘기는 거다. 친구가 좀 서운하게 해도 유쾌함을 잃지 않는다. 아내나 남편이 만든 음식이 맛이 없어도 그냥 웃어

넘겨준다. 자잘한 경제적 손실이 생겨도 어쩔 수 없다고 여기면서 쾌활함을 유지한다. 그렇게 유쾌하고 쾌활한 사람은 마음이 화사해지고 주변의 사랑을 받게 된다.

그런데 문제가 있다. 이 스트레스 범벅의 세상에서 유쾌해진다는 게 어디 쉽나. 물론 절대 쉽지 않고 매우 어렵다. 하지만 다행스러운 일이 있다. 인간은 늙는다. 노화가 유쾌해지게 도와준다. 늙으면 더 음울해지는 이들도 있지만 그건 기회를 살리지 못해서다. 노화는 유쾌한 인생의 기회다. 왜냐하면 인생은 높은 산에 오르는 등정과도 같기 때문이다.

까마득히 높은 산에 헉헉거리며 오르는 게 인생이다. 산 정상에서 각자가 얻는 해답은 저마다 다르겠지만 공통점이 있다. 시야가 넓어진다는 건 공통의 사실이다. 시야가 넓은 사람에게는 개별 사건의 의미가 심각할 수 없다. 큰 그림이 눈에 들어오니 좁쌀처럼 작은 사건이 딱 그만큼 작아 보일 뿐 과장될 수 없다.

친구가 좀 서운하게 굴어도 둘이 수십 년 동안 함께 만든 큰 그림을 떠올리면 용서가 된다. 이웃이 말실수 해도 경험 많은 어른은 흔들리지 않는다. 실수란 인간의 본성이란 걸 경험을 통해 배웠기 때문이다.

인생사 95% 정도는 사소한 일이다. 그런데 인간의

인지 능력은 시간의 벽에 오랫동안 갇힌다. 지나기 전까지는 모른다. 실패, 실수, 상실, 갈등, 좌절의 사소함을 일단락되고 진정된 후에야 겨우 알게 된다. 그런데 충분히 늙으면 조금 달라진다. 이런 인식력의 한계를 극복할 실마리를 찾게 되는 것이다.

그렇다면 노화란 무엇인가. 노화는 시간의 벽을 몸으로 무너뜨린 후에 이르는 인생의 최고 경지이다. 폐경이 아니라 완경인 것처럼, 노화는 존재의 완전화일지도 모른다.

결론은 분명하다. 나이를 먹었으니 쾌활하게 지내야 한다는 것이다. 설사 돌연히 병에 걸렸거나 억울하게 오해를 샀다고 해도 끝내 유쾌해지는 거다. 나는 거대하고 위대한 존재이며, 나의 시련들은 모두 사소하고 하찮은 것들이다. 인생 만사를 웃어넘기며 항상 쾌활함을 유지하는 멋있는 노인이 되어보자고 나는 다짐한다.

헛생각이 줄어들고
집중력이 높아진다

사람의 마음은 표류한다. 목표 없이 여기저기로 떠돈다. 누구나 경험하듯이 시도 때도 없다. 회사 사장의 훈화 말씀을 듣다가도 딴생각이 난다. 연인과 행복한 포옹을 하고도 잡념이 든다. 공부, 독서, TV 시청, 대화, 전략 폭격기 조종 등 그 무엇을 하건 마음은 표류한다. 그러니까 마음 표류 현상은 호흡과 비슷하다. 잠깐 참을 수는 있지만 아예 멈출 수는 없다.

이렇게 마음이 떠도는 현상을 가리키는 심리학 개념이 '마음 방황(mind wandering)'인데, 간단히 정의하자면 마음 방황은 현재의 할 일에서 마음이 떠나는 현상이다. 떠난 마음은 무관한 일이나 개인의 가상 세계 속을 떠돈다. 마음 방황이 심하면 학교 성적이 낮아지고 업무 효율이 떨어진다. 대화에 집중하지 못하므로 연애 능력을 포함한 사회성이 약화된다. 그런데 이 해로운 마음 방황 현상이

고연령층에서는 적게 나타난다. 젊을 때 심하다가 나이 들면서 치유되는 것이다.

노년의 자부심을 높여줄 그 연구 결과는 '트리니티 대학 신경과학 연구소(TCIN)'가 내놓았다. 아일랜드 최고 명문 대학인 트리니티 대학에서도 이름 높은 연구소가 TCIN이어서 국내 언론에도 종종 보도된다.

2021년 2월 트리니티 대학 신경과학 연구소가 한 결과를 내놓았다. 고연령 성인이 젊은 성인보다 마음 방황이 적다는 것이다.(대학 홈페이지에 공개된 관련 보도 자료 제목은 "젊으면 불안정하고, 나이 들면 집중한다 : 연령에 따른 마음 방황의 차이 Young and Restless, Old and Focused: Age-Differences in Mind-Wandering." 그리고 '고연령 성인 older adults'과 '젊은 성인 younger adults'라고 했을 뿐, 보도 자료에서는 연구 대상자의 정확한 나이를 밝히지는 않았다.)

주어진 과제를 하는 사람들을 대상으로 연구자가 이를테면 '지금 무슨 생각을 하고 있나요'라고 물어봤다. 그 결과 밝혀진바, 고연령 성인과 젊은 성인의 마음이 방황한 비율은 각각 27%와 45%이었다. 마음 방황의 요인은 고연령 성인이 적었다. 불안감의 수준이 낮았고, 그것이 일에 더욱 집중할 수 있었던 배경이다. 고연령 성인과 젊은 성인의 마음이 방황한 비율은 각각 27%와 45%이었다. 그리고 마음 방황을 일으키는 요인이 고연령 성인이 적었다. 불안이나 불안정이 적었다. 그래도 더욱 일에 집중할 수 있다는 것이다.

요컨대 이렇게 정리할 수 있다. 고연령 성인은 젊은 성인보다 불안감이나 불안정성이 낮다. 그래서 마음 방황 경향이 약하고 집중력은 높다.

이번에는 주어를 바꿔서 요약해 보자. 젊은 연령층은 불안이 크고 마음이 안정적이지도 않다. 그래서 마음이 자기도 모르게 방황하게 되고, 집중력은 약화된다.

누가 더 가여운가. 어느 쪽이 더 행복할까. 답은 분명하다. 고연령층이 행복한 정신을 갖고 있다. 그들은 책을 읽거나 TV를 보거나 운전할 때 더 집중한다. 사랑하는 사람과 포옹할 때나 손주와 대화할 때도 잡념이 적다. 현재 하는 일에 집중하는 정신은 행복의 바탕이다. 잡념 적은 마음은 천금으로도 살 수 없는 정신의 고귀한 경지다.

지금 마음이 행복하다면 그것은 당신이 노력한 결과이기도 하지만 나이 든 덕분도 크다. 그러니까 세월은 노인이 아니라 청년을 차별한다. 시간은 노년의 사람들을 편애한다. 그러니 감사해야 마땅하다. 고마움을 몰라주면 나이와 세월이 몹시 섭섭해할 것 같다.

03 _____

삶의 끝에서
영혼이 깊어진다

청년과 노년은 행복이 다르다. 노년의 행복이 더 쉽다. 가까이에
있기 때문이다. 손만 뻗으면 행복에 닿을 수 있다. 노년은 행복하기
좋은 시절이다. 20대의 행복감은 하늘에 뜬 기분이고 나이 든
이의 행복감은 편안히 내려앉은 기분이다. 어느 쪽이 더 행복해질
기회가 많을까.

내가 통제할 수 없는
일이 명확해진다

나이 든 사람은 철학자가 된다. 두꺼운 철학책을 읽느라 밤을 새우지 않아도 괜찮다. 고마운 나이 덕분에 나도 모르게 철학자가 조화를 경험하게 된다.

어느 날 내가 울상이 되어서 마음 약한 질문을 했고 아내는 차분한 얼굴로 든든한 답을 해줬다.

"요즘 걱정이 있어요. 우리가 나중에 어떻게 될까요? 힘든 노후를 보내게 되지 않을까요?"

"구체적으로 어떤 걱정을 하나요?"

"건강이 나빠져서 큰 병에 걸리면 어쩌나 걱정이 들어요."

"운동을 하고 음주나 스트레스를 줄이면 되지 않을까요? 건강 검진도 받고요. 나중에 생각지도 못한 병에 걸린다면 그건 또 그때 방법을 찾아야죠."

말하자면 할 수 있는 일만 하고, 어찌할 수 없는 일은 내버려두는 것이었다.

나의 우는 질문은 계속되었다.

"건강도 문제지만, 혹시 너무 가난해져서 불우한 노후를 맞으면 어떡하죠?"

"지금 하는 일을 열심히 하고 절약하면서 살아야죠. 나중에 가난해질지 갑부가 될지는 우리가 미리 알 수도, 결정할 수도 없잖아요. 당신의 에너지와 집중할 수 있는 일에 마음을 모으라고 말하고 싶어요. 겁쟁이처럼 걱정 말고 행복한 마음으로 현재에 집중하세요."

'겁쟁이'라는 단어까지 써서 내 정신을 번쩍 들게 해 준 아내는 정말 철학자 같았다. 철학자 중에서도 이를테면 고대 그리스 스토아학파의 대표적인 철학자 에픽테토스(55~135년경)와 비슷했다. 의지가 닿지 않으면 잊어버리는 게 중요하다고 '력(力)'이 통하지 않는 문제는 잊어버리라는 것… 에픽테토스는 이런 말을 남겼다.

"의지의 힘을 넘어서는 일은 걱정하지 않는 게 행복의

유일한 길이다."

만약 옆에서 우리 부부의 이야기를 듣고 있었다면 에픽테토스도 아내와 비슷한 충고를 내게 하고 싶었을 것이다.

"참 당신은 걱정도 많군요. 당신의 의지로 어쩔 수 없는 일은 걱정하지 마세요. 먼 미래의 질병과 가난 여부까지 걱정하는 건 겁쟁이의 태도예요. 소용없는 걱정을 끊어내는 결단이 유일한 행복의 길이랍니다."

그렇다. 결단의 문제다. 내 의지로 어찌할 수 있는 문제인지 아닌지 따져보고 아니라면 잊기로 결단하는 것, 그것이 멋있고 지혜롭게 사는 행복한 자세이다. 감동한 김에 에픽테토스의 조언을 하나 더 들어보자.

"인생에서 가장 중요한 과제는 단순하다. 내가 통제 못하는 외부의 문제와 내가 통제하는 선택에 얽힌 문제를 뚜렷이 구별할 수 있도록 문제들을 살피고 나눠야 한다."

이번에는 "행복의 유일한 길"을 넘어서 "인생에서 가장 중요한 과제"라고 했다. 줄여 말해서 통제 불가능한 일과 통제 가능한 일을 구별하는 것이 인생 최고의 과제다.

예를 들어서 건강 검진을 받아보지만 혈액 검사와 내시경 검사가 포착할 수 없는 미세한 병증도 있을 것이다. 그건 내가 통제할 수 없는 문제니까 잊어 버린다. 반면 생활 습관이나 정기 검진 수검 문제는 나의 통제권 안에 있다. 그렇다면 거기에 신경과 애를 쓴다.

또 날씨는 내가 통제할 수 없다. 비가 오거나 눈이 오거나 내가 안타까워할 일이 아니다. 하지만 날씨에 대한 반응은 내가 선택할 수 있다. 예를 들어서 떨어지는 비를 보면서 화를 낼지 아니면 창가에서 차를 마실지는 결정할 수 있는 문제다.

세계 경제의 미래 흐름은 내가 아니라 누구라도 통제할 수 없다. 어떤 미래가 오든 나의 경쟁력을 높이기 위해서 노력하는 건 현재 선택할 수 있는 문제다.

세상을 일거에 바꾸는 것도 나의 통제권 밖이다. 대신 세상을 1천분의 1cm만큼 움직이는 건 나의 통제권 안의 일인지 모른다. 그렇다고 믿는다면 선택할 수 있다. 선거 투표, 사회 운동 참여, 기부 등 다양한 선택지가 나의 결정을 기다린다.

어떤 사람이 나를 사랑하는지 여부는 내가 통제할 수 없는 일이다. 마음의 결정은 마음의 주인이 하는 것이다. 하지만 작은 영향을 끼치는 시도는 할 수 있다. 상대의 의사 결정권을 존중하면서 내가 겸손한 영향을 끼치는 방법도 많다. 대화, 호소, 읍소, 문의 등 여러 가지 방안 중에서 선택하면 되는 문제다.

통제할 수 없는 것과 통제할 수 있는 것을 구별만 할 수 있어도 삶의 차원이 달라진다. 읽기만 해도 마음이 편해지는 유명한 기도문의 바람도 같다.

"신이시여. 바꿀 수 없는 것을 받아들이는 평온과 바꿀 수 있는 것을 바꾸는 용기, 그리고 그 둘을 구별하는 지혜를 주소서."

철학의 학파나 종교를 떠나서 누구나 공감할듯싶다. 내가 바꿀 수 없는 것과 바꿀 수 있는 것을 판별하는 능력이야말로 삶의 철학의 출발이자 완성이지 않을까.

그런데 서두의 대화를 보면 나의 아내는 그 사실을 잘 알고 있을 뿐 아니라 체화까지 한 상태였다. 굳이 머리를 회전시키지 않아도 상황을 맞닥뜨리면 말이 술술 나왔으니 철학이 몸에 배어 자기 것이 되었다고 볼 수 있다. 나의 경우는 머리로만 알고 있었다.

아내는 그런 삶의 철학을 어떻게 배우고 익혔을까. 물론 책도 보고 사색도 한 결과겠지만, 다른 도움도 있었다. 아내의 답은 이랬다. "세월의 교훈이죠. 나이가 가르쳐 줬어요." 나이 먹은 덕분에 쉽사리 배우게 된 교훈이라는 뜻이다.

젊은 시절에는 꿈이 많고 무엇에든 자신감이 넘친다. 나이가 들면 꿈이 적고 자신감도 줄어든다. 청춘 중심 사회에서는 청년의 패기를 높이 사지만 사실 단점일 수도 있다. 뭐든 할 수 있을 것 같이 믿는 건 슈퍼 히어로 환상이다. 나이가 들면 알게 된다. 사람의 능력에는 제한이 분명히 있다. 패배주의자만 능력의 한계를 절감하는 게 아니다. 천하의 권력자 대통령도 힘의 한계를 느낀다. 거대 재벌 회장도 뜻대로 되지 않는 일이 많다는 걸 피부로 느낀다.

어른들에게는 구별 능력이 점차 생긴다. 자기가 할 수 없는 일과 있는 일을 분별하게 된다. 달리 말해서 통제할 수 있는 문제와 통제할 수 없는 문제를 가리게 되는 것이다.

그걸 배우려면 철학 책을 읽거나 어디 가서 철학 강의를 듣는 것만으로는 안 된다. 세월 속에서 겪어야 한다. 성공과 좌절을 거듭하고 희망과 절망을 반복하다 보면, 가능과 불가능을 구분하는 삶의 철학이 체화된다.

나는 기억한다. 아주 까마득한 어린 시절에 나의 꿈은 대통령이었다. 그때 부모님 등 주변 사람들은 박수쳐줬다. 꿈이 크니 훌륭하다고 칭찬도 했다. 그런데 나 말고도 대통령을 꿈꾼 아이들이 동네에 수두룩했다. 물론 그중에서 대통령은 고사하고 지방자치단체장이 된 이도 없다. 아이들은 크고 나서야 알게 되었을 것이다. 굳이 권력을 쥐어야 행복한 것은 아니라는 것, 그보다는 통제할 수 있는 문제와 할 수 없는 문제의 변별 능력이 삶에 훨씬 가치 있다는 것을 말이다.

나도 나이 덕분에 배우게 된 것 같다. 내가 통제할 수 없는 것은 세상에 많다. 내 아이의 마음은 내가 어찌할 수 없으며 또 어찌하려 해서도 안되었다. 연애나 사랑도 통제할 문제가 아니었다. 세상의 변화를 기원해야 하지만, 내가 원하는 대로 금방 바꿀 수 있다는 기대는 틀린 것이었다.

내부 현상이라고 전부 내가 통제할 수 있는 것은 아니다. 감정 통제는 연습하거나 나이가 들면 조금씩 진전되지만, 감정을 완전히 통제하는 것은 불가능하다. 눈물 나면 울고, 무서우면 떨고, 외로우면 호소하면서 견뎌야 할 때가 많다. 인격과 지구력과 집중력도 내가 마음대로 통제할 수 없다는 걸 수십 년 실패를 거듭하다 보면 알게 된다.

물론 그렇다고 포기하지는 않는다. 통제할 수 있는 것과 없는 것을 분별하고, 통제할 수 있는 것에 나의 에너지를 집중하는 것이 최선의 삶의 철학인 것은 부정할 수 없다. 실패하더라도 계속 시도할 것이다. 나이 들면 더 나아질 것이다.

이런 소중한 삶의 철학을 젊은 시절에는 몸과 가슴에 익히지 못했다. 나이 들어 여기저기 아프고 기운 떨어지는 건 아쉽지만, 나의 불가능성과 가능성을 구별하는 의미를 알게 된 것은 참 다행이다.

피가 끓던 젊은 시절도 아름답지만 피가 살며시 식는 노년도 우아하다. 활화산에서 분출하는 용암도 장관이지만 사화산에 핀 야생화 하나하나도 얌전하지만 경이롭다.

마음이 부드러워져,
　　　　미리 작별 인사할 수 있다

　부제, '건강하게 살다 가장 편안하게 죽는 법'『집에서
혼자 죽기를 권하다』(우에노치즈코, 동양북스)라는 책에
나오는 이야기가 있다.

　호주에서 한 일본 여성이 간병 일을 하고 있었다. 한
노년의 여성이 건강의 고비를 맞자 영국에 사는 아들이
왔다. 다행히 어머니는 건강을 회복했고 아들은 영국으로
되돌아갔다. 그런데 6개월 후 어머니의 병세가 악화되어
세상을 뜨고 말았다. 간병인은 반응을 예상하면서 영국에
사는 아들에게 연락했다. 한국인이나 일본인 같으면 만사
다 팽개치고 다급히 비행기에 올랐겠지만 아들의 반응은
뜻밖이었다. 작별 인사를 해두었으니, 장례식은 간병 시설
측에서 알아서 해달라는 것이었다.

　매정한 불효자식일까. 그렇게 생각하기 쉽다. 그런데 이
책의 작가는 아주 개성적이고 날카로운 지적을 한다. 그

영국인처럼 작별 인사를 일찍 해두는 것이 좋다는 것이다. 가령 의식도 없는 부모님을 붙잡고 "감사했어요. 너무나 사랑합니다."라고 외쳐봐야 들리지도 않는다.

맞는 말이다. 백번 타당하다. 그런 감사와 사랑 표현은 부모님의 정신이 흐려지기 전에, 건강할 때 해 둬야 하는 것이지, 저장해 두었다가 장례식 때 터뜨려봐야 아무 소용이 없다. 아무리 목 놓아 외쳐봐야 부모님에게 들리지 않는다. 나와 문상객들만 들을 뿐이다.

나도 스스로 돌아본다. 이렇게 말씀드리면 부모님은 무척 행복할 것이 틀림없다.

부모님께 언제나 감사드립니다.
부모님이 아니었다면 제가 이렇게 행복을 누릴 수 없었습니다.
어머니 아버지가 행복하시길 진심으로 빕니다.
사랑합니다. 부모님. 진심으로요.

위와 같은 말을 언제 했는지 기억이 없다. 부모님이 듣고 싶어 하시는 말이다. 부모님이 숨을 거둘 순간에 입에서 튀어나올 고백과 감사이고 아주 훌륭한 작별 인사이다.

그런데 살아 계실 때 청력과 집중력이 온전할 때는 그런 말을 잘 못한다. 쑥스럽고 간지러워서다. 거기에 착각도 한몫한다. 그리고 부모님이 언제까지나 살아계실 것 같은 착각 때문에 감사와 인사를 훗날로 미루는 것도 이유가 된다.

그런데 부모님은 다르다. 작별 인사 뉘앙스의 고백을 틈틈이 하신다.

이렇게 와줘서 고맙다. 얼굴을 보니 행복하구나.
너의 건강이 그 무엇보다 중요하다.
너희가 행복하다니 부모는 더없이 기쁘고 고맙다.
엄마 아빠가 너희를 사랑한다는 거 잊지 말아다오.
영원히.

살가운 말들이다. 듣고 있으면 마음이 울컥하거나 적어도 포근해진다. 부모님은 참 부지런도 하시다. 영영 헤어질 때 해도 좋을 인사를 만날 때마다 미리미리 해준다. 인사를 저장하지 않는 우리의 부모님은 현명하다. 어쩌면 자녀가 임종을 못할 수도 있으니, 서로 정신이 맑을 때 앞서 해두는 편이 전달력 면에서 백번 낫다는 걸 간파하고 있다.

우리 모두 늙는다. 늙어서 마음속 말을 언제든 꺼낼 수 있는, 부드럽고 현명한 노인이 되어 간다는 증거가 있다. 그것은 갱년기 현상이다. 남성적인 사람들의 정서적 갱년기가 마음 유연화의 신호이다.

그런데 그 개념은 놀림의 도구로 쓰이는 편이다. 가령 TV 드라마나 소설을 읽으면서 눈물 흘리는 중년 남자에게 이렇게 야유한다. "갱년기가 온 거야?" 눈물을 정서적 병약의 증거로 치부해 버리는 것은 강한 남성주의적 편견이지 않을까 싶다.

젊었을 때 눈물 없던 사람이, 중년이 되어 TV 드라마나 소설을 읽으면서 눈물을 흘린다면 그것은 마음이 부드러워졌다는 증거다. 즉 감성이 풍부해져서 눈물샘이 건강해진 것이다. 나이 들면, 드라마나 소설의 주인공이 겪는 아픔을 내 것처럼 느끼는 공감 능력이 커진다. 그만큼 자신도 아픈 경험이 많았으니 쉽게 공감할 수 있으며 그 공감은 결국 눈물로 나타난다.

나이 들면 가슴의 맨살을 드러내고 마음속의 뜨거운 것을 꺼내놓을 정서가 생긴다. 나의 부모님도 같다고 본다. 나이 들수록 더 따뜻한 마음을 많이 느끼고 더 쉽게 발설한다. 젊은 시절에는 마음에 철갑을 두른 분들 같았다. 따뜻한 말이 아니라 엄격하고 바르고 효용성 높은 말이

지향점이었다.

그러나 이제는 다르다. 살가운 사랑 고백과 영원히 기억될 작별 인사를 자주 말씀하신다. 젊을 때는 딱딱한 껍질 속에 마음을 숨기지만, 나이 들면 그 껍질이 녹고 부드러운 속마음을 드러내서 감동하게 한다. 나이 드는 건 부드러워지는 일이다.

피부 너머의
아름다움이 느껴진다

도저히 이해할 수 없는 아버지 이야기다.

1860년 9월 아침 미국 볼티모어의 거리를 급하게 달리는 사람이 있었다. 그의 이름은 로저 버튼이고 목적지는 만삭의 아내가 있던 병원이다.

로저 버튼이 도착하기 전에 아내는 탈 없이 순산했다. 아기가 온전히 태어났고 산모도 건강했다. 하지만 병원 분위기가 심상찮았다. 가문의 40년 주치의였던 의사는 어두운 표정으로 두 번 다시 나타나지 말라며 로저 버튼과 절교를 선언했다. 간호사들은 아기 이야기만 꺼내도 소스라치게 놀랐고 들고 있던 물건을 떨어뜨리는 이도 있었다. 도대체 왜들 그럴까. 로저 버튼은 아기를 직접 본 후에 이유를 알게 되었다.

방금 태어난 아기가 일흔 살 노인의 얼굴이었다. 성긴 머리카락은 백발이었으며 턱수염이 바람에 날렸고 시선은 흐리멍덩했다. 그리고 로저 버튼을 향해 쉰목소리로 물었다. "당신이 나의 아버지인가요?"

괴물을 본 듯이 놀란 로저 버튼은 주저앉아 얼굴을 손으로 감싸고는 떨리는 목소리로 혼잣말했다.

"어떻게 이런 일이. 사람들이 뭐라고 할까. 내가 뭘 어떻게 해야 좋을까."

F. 스콧 피츠제럴드의 소설 『벤자민 버튼의 시간은 거꾸로 간다』(문학동네)에 나오는 상황이다. 일흔 살 노인의 얼굴로 태어난 아들을 본 아버지는 공포에 떨면서 소문과 입방아를 걱정했다. 소설을 바탕으로 한 영화에서는 아버지는 두려움을 견디지 못해 범죄까지 저질렀다. 갓난아기를 강물에 던지려다가 보는 눈이 있어 포기하고는 남의 집 앞에 버리고 달아났다.

로저 버튼은 도무지 이해할 수 없는 아버지다. 물론 나 같아도 일흔 살 얼굴의 아기를 본다면 무척 놀라기는 했을 것이다. 하지만 세상의 입방아를 걱정하지는 않았을 것이고 아기를 유기하는 일은 더더욱 없었을 것이다. 그리고 하루 이틀만 지나면 충격을 가라앉히고 늙은 갓난아기를 점점 사랑하게 되었을 게 분명하다.

외모가 어떻든 그것은 자녀 사랑의 걸림돌이 될 수

없다. 왜냐하면 아기의 존재는 본질이고 겉모습은 피상일 뿐이기 때문이다. 피상이라고 해서 무가치하다는 뜻은 아니다. 예쁘거나 흉하거나 중요하지 않다는 뜻이다. 설사 흉하다고 해도 미워할 수 없다. 오히려 감사하게 된다. 왜냐하면 그 늙은 몸이 소중한 내 아이를 담는 보석 상자이기 때문이다. 내 여린 아이를 따뜻하게 감싸고 보호하는 노화된 몸에게 감사하지 않을 수 있을까.

나의 늙은 부모님도 쭈글쭈글한 얼굴과 손을 가졌다. 근 손실 때문에 갈수록 왜소해진다. 그런 외모가 낯설고 때로는 반사적으로 거북해하는 나를 발견하고는 놀랄 때도 있다. 하지만 부모의 얼굴을 잠시 응시하면 그 너머가 보인다. 나를 낳고 길러줬으며 나를 가장 사랑하는 부모님이 그 노화된 몸속에 계신다. 외모는 피상일 뿐이다. 예쁘거나 아니거나 상관없다. 그 속에 존재하는 사람이 보이면 외모는 아무것도 아니게 된다.

나의 아내는 이제 50대 중반이다. 처음 봤던 30년 전 모습과는 얼굴 형태, 피부 탄력, 모발 색, 복부 지방량 등에 장대한 변화가 일어났다. 그렇게 젊은 사람 중심의 미적 기준에서 한참 이탈하게 되었지만 그래도 내 눈에 가끔이나마 아름답고 매력적이다. TV 속 그 누구보다 빛나 보일 때도 드물지만 있다. 물론 겉모습이 여전히 20대처럼 아름다워 보인다고 거짓말 하기는 싫다. 다만 내 아내를 담고 있다고 생각하니 그 몸이 대견하고 고맙다. 그 외피 너머에 나의 아내가 존재한다. 나와 아내는 삶의 여정과 추억을 공유하고 있다. 아이에게 유전자와 사랑을 함께 나눠줬다. 그리고 아내와 나는 이 우주에서 정신적, 물리적, 감정적으로 가장 친밀한 사람이다. 그런 사람이 내 곁에 50대 중반 여성의 몸으로 존재한다. 가끔이나마 눈부시고 감동하는 게 정상이지 않겠나.

나와 아내는 무척 모범적이고 이상적인 관계는 전혀 아니다. 자주 부딪히고 다투고 속으로 미워할 때도 있다. 하지만 갈수록 불만의 시간보다 감사의 시간이 길어간다. 아내가 화난 표정이거나 또는 노화된 얼굴이거나, 그 표정의 겉면에 보이는 시간보다 그 내면에 있는 우주에서 가장 친밀한 존재로 보이는 시간이 점점 길어진다. 나이를 먹을수록 그렇게 된다.

나이 들면 시력은 약화되지만, 투시력은 강화된다. 겉모습 너머의 존재를 볼 수 있는 눈이 점점 자라난다. 아이가 어떻게 생겼거나 어떤 직장을 가졌거나 어떤 사회적 지위를 누리거나 그것은 다 외양일 뿐이다. 부모도 그렇다. 아내도 그렇다. 겉모습은 차츰 우위를 잃어간다.

나이 든 우리에게는 겉모습을 투시해서 사랑하는 사람의 맨얼굴을 찾아내는 눈이 생긴다.

그런데 투시력이 나에게도 활용되어야 맞다. 거울 속 얼굴 피부가 주름졌다 해도 표피 아래에 활기 넘치는 아름다움이 숨어 있다. 그것을 꿰뚫어 보는 사람이 탐미적 감성의 훌륭한 노인이다.

자신에 대한 감사를
배우게 된다

70대 후반인 대학 은사님은 양쪽 무릎이 많이 좋지 않다. 젊은 날 산행과 여행을 즐기셨지만 최근 10여 년에 걸쳐 무릎 관절이 악화되었다. 제자가 안타까워했을 때 교수님은 이렇게 말씀하신 적이 있다.

"아니다. 괜찮다. 난 내 무릎이 고맙다. 무거운 나를
이고 여기저기 안 다닌 곳이 없다."

당신 무릎의 노고를 인정하며 감사하는 것 같았다. 초보 노인인 나는 다르다. 오른쪽 엄지가 뻑뻑하면 답답하다. 왜 왼쪽 엄지처럼 멀쩡할 수 없냐고 야단이라도 치고 싶어진다. 나는 언제쯤이나 나의 몸에게 합당하게 감사할 수 있을까.

나처럼 늙은 몸을 원망하는 건 쉽고, 반대로 감사는

어렵다. 원망은 즉각 나오지만 감사는 단계를 거쳐야 입에서 나오기 때문이다.

내 몸에 감사하기 위해서는 적어도 두 가지는 버려야 한다. 과거가 돌아오길 바라는 헛된 욕심을 버려야 한다. 또 세상 사람들은 다 늙어도 나만은 젊어야 한다는 특권 의식도 폐기해야 한다. 그렇게 욕심과 특권 의식을 꺼내 버리면 마음이 깨끗해지고, 깨끗한 마음은 노쇠한 몸에게 순수하게 감사할 수 있다. "고맙다. 그동안 참 고생 많았다."라고 말해줄 수 있다.

감사한 것이 구석구석 많기도 하다. 뛰어나지 않은 나의 뇌도 참 많이 애썼다. 미남이라는 찬사는 거의 못 들었지만 그래도 꿋꿋이 소통하고 인사하고 마음을 표현히' 라 애쓴 나의 얼굴도 감사하다. 태어났을 때는 반듯하고 깨끗했지만, 수십 년 쓰고 나니 휘고 너저분한 발가락도 다르지 않다. 허파와 신장도 아주 오랫동안 고생했다.

독자의 반감을 유발했을지도 모르겠다. 뭐 그렇게 억지로 자기에게 감사할 것까지 있느냐고 반문할 수 있다. 그런데 내 생각에는, 자기 감사는 필수적인 노후 대책 기술이다. 자기 감사가 없다면 금덩어리를 어디 묻어 놨어도 흐뭇한 노후를 보내기 어렵다.

자기 감사는 철근이다. 교량과 건물의 붕괴를 막는

철근처럼, 자기 감사는 사람이 무너지지 않게 지켜준다.

나이 들면 어쩔 수 없이 약화를 겪는다. 몸의 기력만 약해지는 게 아니다. 벌이도 줄어들고 사회든 가정에서든 영향력과 권위도 약화된다. 그럴 때 마음의 코어가 단단하지 않으면 무너지기 쉽다. 마음의 코어를 단단하게 하는 방법이 바로 자기 감사다. 자기 감사가 자부심과 만족과 기쁨을 안겨주니까, 단단한 근육이나 권위나 벌이가 없이도 밝게 지낼 수 있다. 작은 실망감에 좌절했다가도 금방 일어나는 것도 가능하다.

그런 말이 있지 않은가. 나와 끝까지 있어 주는 사람은 친구, 가족, 아내, 남편이 아니라 나 자신이다. 친구의 발가락과 무릎이 나를 걷게 해 줬던 게 아니다. 나를 절대적으로 사랑하는 부모님의 폐도 나에게 산소를 공급한 적이 단 한 번 없다. 나와 끝까지 함께 할 허파와 심장과 팔다리에 감사하는 게 온당하다.

캐치프레이즈를 만들어 자주 읊조리면 뇌에 새겨진다. 개인 성향에 따라 선택할 두 가지 버전을 마련해 보았다.

내가 나에게 감사해야, 남들도 나에게 감사한다.
내가 나에게 감사해야, 남들이 나에게 감사하건 말건

신경 안 쓰인다.

자기 감사를 해야 무너지지 않고 잘 살 수 있다. 이 중요한 교훈은 고장 난 몸이 일깨워준다. 시원찮은 무릎 관절에게 이렇게 말해보자. "아직도 튼튼하게 버텨주는 나의 도가니야, 너무 고맙다." 자기 감사의 기회도 노년이 주는 보석 같은 선물이다.

자신의 삶을 긍정하고
사랑하게 된다

현실과 허구를 통틀어 가장 불행한 죽음을 맞은 사람 중 하나가 돈키호테다. 자기 삶을 가슴 치면서 후회했기 때문이다.

알다시피 돈키호테는 풍차와 목숨 걸고 싸웠던 사람이다. 풍차가 마을 사람을 해칠 괴물로 보였기 때문에 그는 달려들 수밖에 없었다. 또 한번은 못된 무리에게 끌려가는 무고한 사람들을 불쌍히 여기고 풀어줬으나 그들은 모두 범죄인이었다. 여관에 숨어 있던 거대한 거인을 무찔러도 봤지만, 찢어져서 터진 그것은 포도주 가죽 부대였다. 돈키호테는 누구보다 올곧고 정의로웠지만 누구도 보지 않은 헛것이 보였다. 찌그러진 세숫대야를 머리에 쓰고 세상에 있지도 않은 괴물이나 마법사와 싸운 그는 희극적이고 광적인 환각 속의 기사였다.

돈키호테는 17세기경 스페인의 다 늙은 하급 귀족이다.

그럭저럭 먹고살만했던 유복한 노인을 위험한 모험에 나서게 한 것은 다름 아니라 책이었다. 기사 모험담 책들을 너무 많이 읽은 나머지 돈키호테는 환상에 빠지고 말았고 정의를 세우기 위해 세상을 향해 나섰던 것이다.

집으로 돌아온 돈키호테는 쇠약해져 죽어가면서 후회한다. 과거의 소동이 못 견디게 부끄러웠다. 그리고 자신이 기사도 책을 읽었던 것을 깊이 후회했다.

세상의 가치를 지키려 했던 돈키호테는 결국에는 자기 삶이 가치 없다고 말하며 숨졌다. 불행한 죽음이다. 그는 자신을 철저하게 부정하고 미워하며 죽은 사람이다. 자기 삶을 싫어하는 것만큼 큰 불행이 없다. 운명이나 악한 세력에게 목숨을 빼앗긴 사람을 빼고는, 돈키호테만큼 가엾게 죽은 이는 거의 없다.

나도 지인 중에 기사 돈키호테를 닮은 사람이 있다. 젊은 시절 프랑스에서 철학을 공부한 그 선배는 저돌적인 이상주의자였다. 가진 돈이 없었지만 진리에 대한 갈증을 풀겠다며 두려움 없이 유학을 떠났다. 그의 뒷모습은 풍차를 향해 돌격하는 돈키호테처럼 단호하고 용맹했다. 돈키호테처럼 그는 자신이나 세상과 비굴하게 타협하지도 않았다. 자기 속의 두려움이나 나태 욕구에 굴복하지 않았고, 박사 학위 취득 후 귀국해서는 학문적 경쟁자나 반대자들과의 열정적인 논쟁을 넘어 필요한 갈등과 충돌까지도 기꺼이 감수했다. 선배에게 세속은 오염된 것이고 이상만이 순수했다. 타협은 오수이고 차라리 외로움이 청수였다. 그런 그가 사회적 출세를 향한 허들을 넘지 못한 것은 자연스러운 결과였다.

제발 두루뭉실하게 넘어가라는 조언을 거부하고 끝내 대학에서 충돌을 일으킨 선배에게 내가 물었다.

"그게 더러운 타협이라고요? 절충이고 양보가 아닐까요?"
"나는 이상주의자다. 그렇게 포장해서 변절을 정당화하기 싫다."
"그러다 외로워져요."
"괜찮다. 그게 운명이라면 받아들이지 뭐."

정의의 편력 돈키호테라도 되는 듯이 그는 비장한 표정으로 그렇게 말했다.

그런데 세월이 변화를 만들었다. 젊은 시절과 달리 중년이 지나면서 선배는 자주 후회했다. 유연하지 못했고 물러서지 않았기 때문에 대학 교수자리를 얻을 기회를 몇 번 놓친 것 같다고 한탄한 적도 있다. 나이 든 그는 후회하는 걸 넘어서 자신의 과거 삶을 미워하고 부끄러워하기까지 했다. "내가 왜 그렇게 살았는지 모르겠다. 내 아이는 나처럼 살지 않으면 좋겠다." 그렇게 말했던 50대 말의 선배는 임종에 가까워진 돈키호테와 닮아 있었다.

그런데 항상 그런 것은 아니었다. 돈키호테가 하지 않은 말도 했다. 술자리 등에서 감정적이게 되면 고개를 숙이거나 내 어깨에 손을 얹고는 이런 말을 여러 번 했다.

"그래도 나 이만하면 잘 산 것 아닐까?"

그는 적어도 열심히 살았다. 성실한 연구자였고 순수한 이상주의자였다. 세상살이에 서툴기는 했지만 학자로서 세상에 헌신하려고 했던 진실한 이타주의자이기도 하다. 당연히 선배의 인생도 그만하면 괜찮은 삶인 것이다. 나는 진작부터 그렇게 믿었다. 그런데 선배 자신도 그렇게 자평하는 날이 올지는 몰랐다. 언제나 자기 평가에 야박했던 사람이 자신을 긍정하다니 뜻밖이었다.

인간은 자신에게 애증을 갖는다. 미우면서도 좋고, 후회하면서도 자랑스럽다. 그런데 자신을 증오할 때는 아니지만 자신을 사랑할 때는 타인의 동의가 필요하다. 선배는 "내가 내 인생을 사랑해도 되겠냐."고 물으며 동의를 구했던 것이다. 나는 동의했다. 진심으로 백번 동의했다. 선배는 웃었다. 근엄한 표정이 습관인 선배가 활짝 웃었다.

그런데 "그래도 이만하면 잘 산 것 아닐까?"라는 말은 익숙하다. 내 부모님도 그런 말을 자주 하셨다. 자식들에게 유능하고 훌륭한 부모는 아니었지만, 그래도 이 정도면 괜찮지 않냐며 동의를 여러 번 구했다. 가령 이런 식이었다.

"돈을 많이 벌지 못해서 너희에게 미안하다. 차라리 고향 땅을 떠나지 않았다면 그곳 땅값이 폭등했으니 지금 큰 부자가 되었을 텐데, 너희 부모는 예지력도 없고 운도 없다. 가겠다는 유학에 반대한 것도 미안하다. 그런데 뭣보다 후회되고 괴로운 게 있다. 혼내지 말고 소리치지도 말고 사랑으로 키웠어야 했는데, 우리는 참 부족한 부모였다. 미안하다. 정말로······ (30초 침묵)····· 그렇지만 너희를 굶긴 것은 아니다. 교과서를 못 사주거나 학비를 못 낸 적도 없다. 가난한 아이들이 세상에 얼마나 많은데. 그나마 너희를 이렇게 잘 키운 게 너무 다행이다. 그렇지 않니?"

기회 날 때마다 되풀이하는 부모님의 심정 고백이다. 잘못도 많았지만 그래도 이 정도면 괜찮은 삶이 아니었냐고 묻는다. 그러면 자녀들은 고생 많으셨고 훌륭한 부모님이었다고 동의해 드린다. 그럴 때마다 부모님은 웃는다. 옅은 기쁨의 미소가 얼굴에 호수 위 파장처럼 잔잔히 번진다.

늙어가는 친구들도 비슷하게 말한다. "후회는 많지만 그래도 나는 괜찮은 사람인 것 같다."고 말이다. 사업에 실패한 친구도, 직장에서 높은 자리로 승진했다가 금세 밀려난 친구도, 변변히 사랑을 못 해봤다는 비혼 친구도 다들 그렇게 자신의 삶을 애증한다. 싫어하면서도 좋아하고, 부정하면서도 긍정한다.

그런데 여기서 중요한 것은 애정과 긍정이다. 한참 동안 자기 삶을 후회하던 사람도 결국 자기 삶을 끌어안고 싶어 한다. 나이 들면 뜻밖의 의지가 생긴다. 자기 삶을 사랑하려는 의지다. 자신을 불쌍히 여기고 자신을 이해하고 자신을 포용하는 것이다. 자신을 철두철미하게 부정했던 돈키호테는 예외적이다. 아니 시간이 더 주어졌다면 그도 달랐을지도 모른다. 실수한 어린 아기나 친구를 대하듯이 자신을 가엾게 여기고 이해하고 포용했을 것 같다.

나이듦은 정신 건강에 크게 이롭다. 세 가지의 따뜻한 자기 마음이 생기기 때문이다. 그것은 자기 연민, 자기 포용, 자기 이해이다.

다른 심리학 용어도 있는데 바로 심리적 통합성 integrity이다.(뜻이 복잡한 인테그리티 integrity는 진실성, 일관성, 완전성으로 번역하기도 한다.)

마음이 여러 개로 갈라져 있다면 조각난 마음이고 하나로 합쳐져 있다면 통합된 마음이다. 예를 들어서 신념과 행동이 제각각이면 조각난 마음이지만, 신념과 행동이 일치해서 진실해졌다면 통합된 마음이다. 속임수와 거짓말과 비겁한 침묵 등 신념에 반하는 행위가 마음의 통합을 저해한다. 후회도 역시 심리적 통합의 반대다. 내가 살았던 과거를 후회하는 사람은 마음이 여러 개로 조각나 있다. 그와 달리 자신의 삶을 이해하고 받아들인다면 심리적 통합성이 이뤄진다.

돈키호테는 자아가 조각난 채 세상을 떠났다. 자신의 과거를 이해하고 연민하고 껴안지 못한 것이다. 그런데 돈키호테를 닮은 나의 선배는 달랐다. 그도 처음에는 자기 과거를 오랫동안 후회했지만 결국은 인정하고 싶어 했다. 자신의 삶 일부를 받아들여 통합하고 하나가 되려고 했다. 그는 심리적 통합성을 꿈꾸고 있는 것이다.

그것은 나의 부모도 같다. 자기 삶의 가치를 인정해서 통합된 자아로서 편안하게 말년을 지내고 싶어 한다. 삶을 후회하던 나의 친구들도 비슷하다. 모두 심리적 통합성을 원한다.

심리적 통합성을 진심으로 원하고 그것을 이루기 위해 마음의 노력을 다하는 중년과 노년 사람들이 많다. 그들은 젊은 시절의 자신보다 월등히 진화해 있다. 늙은 덕분에 진화할 수 있었으니 노화는 고마운 일이다.

심리적 통합성을 인생 후반의 중요 과제로 설정한 연구자도 있다. 바로 미국 하버드대학교 정신과 교수가 쓴 『행복의 조건-하버드대학교 인생성장보고서』(조지 베일런트, 프론티어)라는 책이다. 2010년에 우리나라에서 출간한 이 책에는 행복한 어른이 되기 위해서 성취해야 할 6가지 과제가 나와 있다.

1. 정체성 : 어른이 되기 전에 십대 청소년은 정체성을 확립해야 한다. 부모와는 다른 자신만의 가치, 정치 의식, 열정, 음악 취향 등을 가져야 하는 것이다.
2. 친밀성 : 다른 누군가와 상호의존하고, 호혜적이며, 헌신적이고, 만족스러운 장기적 관계를 형성할 수

있어야 한다.

3. 경력 강화 : 단순한 취미나 직업이 아니라 탄탄한 경력을 갖기 위해서는 네 가지가 필요하다. 만족감, 경쟁력, 헌신 그리고 합당한 보상이 그것이다.

4. 생성성(generativity) : 생식성, 생산성이라고도 한다. 중년 이후에 갖게 되는 심리적 경향으로 이기심에서 벗어나 다음 세대를 바르게 이끌거나 그들에게 헌신하려는 마음이다.

5. 의미 수호 : 인류가 만든 생산물 즉 문화와 제도를 현명한 재판관처럼 보존하고 지켜내는 데 기여해야 한다.

6. 통합성 : 인생의 큰 과업 중 마지막 항목이다. 통합성이란 "아무리 힘겨워도 자신의 하나뿐인 삶을 그래야 했던 것으로, 대체할 수 없는 것으로 수용"하는 걸 뜻한다.

심리 통합성이 행복한 삶의 가장 중요하고 최종적인 조건이다. 통합성은 자신의 삶을 있는 그대로 수용하고, 다른 삶과 바꾸지 않으려는 자세다. 『행복의 조건』 영문판을 보면 감동적인 두 미국인의 예가 나온다.

에릭 캐리라는 사람이 있다. 의사인 그는 평생 허리

아래가 마비되어 살았다. 57살에 그는 폐에까지 문제가 생겨 죽을 고비를 맞았다. 하지만 그는 자기 삶을 후회하지 않았고, 자기 삶을 대체하려는 상상도 하지 않았다. 최근 5년 동안 더없이 행복했다고도 말했다. 또 "나는 나 자신, 아내, 그리고 아이들에게 평화와 보람을 느끼게 되었다"라고 말했다. 평생 아팠고 병세가 심해졌지만, 그는 평화로움을 만끽했으며 불평하지 않았고 자기 삶을 미워하지도 않았다.

또 다른 예가 있다. 78살 아그네스 에클레스는 3년 동안 팔의 동맥에 문제가 생겨 여러 번 입원했고 인공 골반뼈를 이식하기도 했다. 고통스러운 삶이다. 몸에 장애가 생겼지만 자기 삶을 싫어하지 않는다.

"신체적 문제가 생겨서 장애를 입었지만 내가 좌절하지는 않았어요. 나는 오히려 많은 걸 얻었어요. 여전히 살아 있고 내게 주어진 많은 축복에 감사하고 있으니까요."

그는 자기 삶을 싫어하지 않는다. 건강한 골반을 가진 다른 삶이 되기를 바라지도 않는다. 현재의 삶을 끌어안았다. 바로 심리적인 통합을 이룬 사람이다.

누구나 심리적 통합을 이루지는 못한다. 돈키호테처럼 자기 삶을 부정하면서 떠나는 사람도 있다. 그러나 내가 본 선배, 부모, 친구는 자기 삶의 긍정으로 귀결되었다. 또 위에서 소개한 두 미국인도 고통스럽고 힘들었던 자기 삶을 사랑했다.

많은 사람들이 노년에는 자기 삶을 긍정하게 되는 것 같다. 그런 긍정은 벚꽃처럼 아름답다. 자책과 후회에서 벗어나 자기 삶의 가치를 스스로 인정할 때 나의 부모는 장미처럼 아름다웠다. 실수와 착오와 불운이 더러 있더라도, 끝내 자기 삶을 긍정하고 사랑하는 용기가 숙성된 노인들의 증표이다.

젊은 시절과는 다른
행복의 세계가 열린다

청년과 노년은 행복이 다르다. 노년의 행복이 더 쉽다. 가까이에 있기 때문이다. 손만 뻗으면 행복에 닿을 수 있다. 노년은 행복하기 좋은 시절이다.

그 사실을 두 번의 연구를 통해 알려준 중요한 인물이 있다. 미국 펜실베이니아 대학교 와튼 스쿨의 캐시 모길너(Cassie Mogilner) 교수가 그 사람이다.

2011년 그의 간명한 연구 결과가 국내외 언론에 소개된 적이 있는데 요점은 청년의 행복과 노년의 행복은 종류가 다르다는 것이다. 청년은 신나야 행복한데, 노년의 사람은 만족스러운 게 행복이다.

통계에 따르면 스무 살 청년들의 60%는 행복하다는 게 "신난다(excited)"는 의미였다. 달리 말해서 흥분되고 들뜬 마음의 상태다. 예를 들어 내일 여행을 떠나기로 한 사람은 신난다. 아주 비쌀 뿐 아니라 SNS에서 유명한 음식점에

가는 것도 신난다. 그렇게 자극적이고 에너지가 폭발할 듯한 상황이 닥치면, 청년들은 행복하다고 생각한다.

그런데 나이 든 사람의 80%는 행복하다고 말할 때 의미가 다르다. 그들에게 "행복하다"는 "만족스럽다"는 의미다. 평화롭고 고요한 느낌이다. 자신의 상황, 위치, 소유에 흡족해하는 게 다수 나이 든 사람의 행복이다. 예를 들어서 작은 집 방에서 음악이나 바람 소리나 파도 소리를 들을 때 만족감이 든다.

요컨대 20대의 행복감은 하늘에 뜬 기분이고 나이 든 이들의 행복감은 편안히 내려앉은 기분이다. 어느 쪽이 더 행복해질 기회가 많을까.

2014년 캐시 모길너 교수는 이전과 맥락이 같으면서도 한층 진전된 연구를 진행했다. 18살에서 92살까지의 200명을 대상으로, 평범한 경험과 특별한 경험이 주는 연령별 행복 효과를 분석했다.

결론은 이렇다. 첫 번째로 특별한 경험은 청년 노년 가릴 것 없이 모든 연령대를 행복하게 만든다. 두 번째로 평범한 경험은 젊은층보다는 고연령층을 행복하게 만드는 효과가 단연 컸다.

그런데 평범한 경험과 특별한 경험이라는 게 뭘까.

해외 언론 보도에도 나와 있지 않아서 내가 직접 논문을 찾아봤더니 이런 예들이 있었다.(〈소비자 연구 저널 Journal of Consumer Research〉 2014년 6월호에 실린 논문 〈평범한 경험과 특별한 경험의 행복 Happiness from Ordinary and Extraordinary Experiences〉의 내용이다.)

특별한 경험
자녀 출산, 좋아하는 가수의 콘서트 참석, 하와이 여행, 대학 진학, 알래스카에서의 낚시, 결혼, 해외여행, 1억 원짜리 자동차 운전 경험, 에펠탑 전망대에서의 촬영...

평범한 경험
굿모닝 허그와 키스, 햇살 좋은 날 베란다에 앉아 있기, 잘 자라고 있는 식물, 아내와 영화 보기, 더운 날 시원한 음료 마시기, 아들과의 재미있고 긴 대화, 시원한 샤워, 친한 친구가 보낸 문자 메시지, 안아달라고 다가오는 반려견...

특별한 경험은 청년과 고연령층 모두를 행복하게 하는데, 평범한 경험은 고연령층에게 특히 행복 효과가 높다. 평범한 경험이 더 흔하다. 나이 들수록 행복해질 기회가 늘어나는 것이다. 소박하고 작은 것의 행복에 민감한 노년이 행복한 시절이 된다.

영국의 노인 돌봄 서비스 업체인 홈 인스테드 시니어 케어 UK(Home Instead Senior Care UK)의 조사 결과를 봐도 같은 결론을 내릴 수 있다. 2020년 65살 이상 2천 명을 상대로 물어봤더니, 은퇴할 나이가 되어서 행복한 일은 이런 것이라고 꼽았다.

자유 시간이 늘어난다.
가족이나 친구와 더 많은 시간을 보낼 수 있다.
원하지 않는 일을 해야 하는 압력을 느끼지 못한다.
스타일을 신경 쓰지 않고 편한 옷을 입을 수 있다.
서두르지 않고 더 느리게 산다.
남의 생각에 신경 쓰지 않는다.
인생에서 중요한 게 무엇인지 선명하게 알 수 있다.
진정한 친구가 누구인지 알 수 있다.
운동을 즐겁게 하게 된다.
생활에 루틴이 생긴다.
한동안 못 본 사람들과 연락할 수 있다.

단순한 일에서 기쁨을 느낀다.

언제든 가벼운 산책을 즐길 수 있다.

모두 특별한 일이 아니다. 작고 소박하고 평범하다. 그리고 쉽게 할 수 있는 경험들이다. 노년에는 행복할 일이 많아진다는 뜻이 된다.

출간된 지 20년 가까이 된 법정스님의 책 『살아 있는 것은 다 행복하라』(위즈덤하우스)를 보면, 소박하고 작은 것에서 행복을 느끼는 어느 한국인의 심경이 묘사되어 있다. 법정스님은 이렇게 썼다.

"나는 향기로운 차 한 잔을 통해 행복을 느낄 때가 있다. 내 삶의 고마움을 느낄 때가 있다. 산길을 가다가 무심히 피어 있는 한 송이 제비꽃 앞에서도 얼마든지 나는 행복할 수 있다. 그 꽃을 통해 하루의 일용할 양식을 얻을 수 있다. 또 다정한 친구로부터 들려오는 목소리 전화 한 통을 통해서도 나는 행복해진다. 행복은 이처럼 일상적이고 사소한 데 있는 것이지 크고 많은 데 있지 않다."

특별하고 큰일에서가 아니라, 흔하고 작은 일에서 새로운

행복을 감지하는 창의적인 이들이 고연령층이다. 나이가
들면 새로운 삶이 열린다. 작은 것에서 커다란 환희를
발견하는 섬세한 삶의 단계가 노년이다.

죽음을 숙고하고,
　　　생의 환희를 느끼게 된다

　띄엄띄엄 가족이나 친구들이 세상을 떠나면 기분이 어떨까. 인형 뽑기 기계 속의 인형과 비슷하지 않을까. 곁의 인형이 하나둘 사라지는 상실감과 머잖아 나의 차례도 올 것 같은 우울한 예감을 노년층도 갖게 될 것 같다.

　그런데 반대인 경우도 많다. 오히려 생에 환희를 느끼고 인생을 강렬하게 사랑하는 마음이 생기기도 한다. 예를 들면 매들린 쿠닌(Madeleine Kunin)이 있다.

　미국 버몬트 주지사를 지냈던 유명한 정치인이자 작가인 그녀는 2018년 『어른이 되다:나의 80대 여행 Coming of Age: My Journey to the Eighties』라는 책을 냈는데, 우리나라에는 번역 출간되지 않았다.

　책에는 80대 중반 매들린 쿠닌의 죽음 목격담이 많다. 영화 같은 죽음을 맞이한 사람은 정치권 인물 딕 워터스이다. 초대를 받아서 가봤더니 폐암과 투병 중이던 그는 아내의 손을 꼭 붙잡고 소리 낮춘 TV를 보고 있었다. 부부는 뜨겁게 사랑하는 청춘 남녀처럼 보였다. 딕 워터스는 손주를 비롯해 가족들을 모아서 파티처럼 즐거운 식사도 했다고 말했다. 그렇게 밝게 웃었던 딕 워터스는 며칠 후 스스로 목숨을 끊었다. 가족과 친구 등 사랑하는 사람들과 작별 인사를 마치고 홀연히 떠나버렸다.

매들린 쿠닌은 가슴 아픈 죽음도 지켜보았다. 가장 친한 친구 니키는 친구들조차 알아보지 못했다. 요양원을 찾아가서 음식을 떠먹여 줬더니 마치 새끼 새처럼 입을 벌렸다. 사랑했던 사람 그 누구 하나 기억하지 못한 니키는 너무나 천천히 죽어갔다. 쿠닌은 빌었다. 자신에게는 그런 죽음이 닥치지 않기를…

역시 가까운 친구 마릴린의 죽음에 부러운 마음이 드는 걸 어쩔 수 없었다. 마릴린은 남편과 시내를 걸어 다니다가 집으로 돌아와서 소파에 앉은 채 숨을 거뒀다. 매들린 쿠닌이 보기에 이상적인 죽음이다. 고통 없이 고요히 세상을 떠난 게 너무나 다행이었다.

매들린 쿠닌은 책에서 자기 죽음에 대해서 자주 생각한다고 고백했다. 직장암에 걸릴 것 같은 걱정이 들고, 비행기를 타면 공포감에 몸을 떨고, 자동차를 몰

때는 혹시 다른 사람을 죽이게 되는 것은 아닌지 무섭다. 뇌졸중 걱정도 작지 않다. 혈관을 타고 다니는 혈전이 언제 뇌를 망가뜨릴지 모른다는 걱정이 크다.

80대 중반에 이르니 죽음이 너무 가깝다. 무서웠다. 우울한 기분을 피하기 힘들었다. 그런데 매들린 쿠닌이 도처에 깔린 죽음에 대해 깨달은 중요한 사실이 있다. "죽음이 가깝지만 삶은 더 가깝다."

맞는 말이다. 죽음이 가까이 왔다고 하더라도, 사실은 나는 아직 삶 속에 있다. 죽음은 나중의 일이고 당장은 삶을 살아야 한다. 이 남은 삶을 어떻게 살 것인가. 답은 쉽게 나왔다. 한순간 한순간 삶의 기쁨을 누리는 게 의무라는 게 분명했다.

매들린 쿠닌은 매순간 집중하려 애를 쓴다. 석양이 지평선을 넓게 물들이면 남편의 손을 잡고 구경하면서 3분 정도 정신을 모은다. 또 맛있는 샐러드를 맛보았다면 1분 정도 그 풍미를 입에 담고 몰입한다. 또 시원한 호수에서 수영하면서 다시 태어난 듯한 기분을 느끼려고 1~2분 동안 집중한다. 인생의 모든 순간의 맛을 집중해서 느끼는 것에 더해서 쿠닌은 모든 사람과 모든 사물과 신에게 감사한다. 그렇게 삶의 순간에 기쁘게 몰입하다 보니, 매들린 쿠닌은 결국 노년이 얼마나 고마운지 알게 된다.

"예상 못 한 노년의 한 가지 혜택은 후회가 좀 있어도 인생에 강렬한 사랑을 느낀다는 것이다."

노년은 묘하다. 죽음에 대한 생각을 떨치기 힘든 시기다. 우울감과 두려움에 사로잡힐 때도 많다. 그런데 그런 정신적 고통의 최종 귀결점은 환희다. 삶을 기뻐하고 사랑하는 마음이 샘솟는 걸 막을 수 없다. 죽음의 그림자를 환희의 빛이 깨끗이 지워내는 시기가 바로 노년이다.

매들린 쿠닌과 비슷한 예가 있다. 『살아가는 힘은 어디에서 나오는가』(웨일북)에 실린 98살 미국 할머니의 인생 평이다.

"가족과 우정이 나에게 가장 큰 기쁨을 줍니다. 다음 세대 아이들이 태어나는 걸 보는 건 정말 믿을 수 없는 선물이죠. 나는 오래된 친구들을 거의 다 잃었지만 새로운 젊은 친구들을 많이 사귈 수 있어서 다행이에요. 98살까지 살아있고 이 아름다운 지구에서 소중한 시간을 보낼 수 있는 건 분명히 선물입니다."

옛 친구들이 거의 세상을 떠났다는 98살 할머니는 이제껏 가슴 아픈 부음을 수백 번은 족히 들었을 것이다. 사랑하고 아끼는 사람들이 수백 명 사라진 것이다. 그래도 여전히 밝다. 새로운 친구를 사귀고, 새롭게 태어난 자손을 만나고, 지구에서 소중한 시간을 보내는 게 믿을 수 없이 기쁘다. 나이 들수록 삶의 환희가 커질 수 있다. 우리가 80대 90대 노인이 되면 삶을 더욱 사랑하고 삶의 순간을 음미하게 될 것이다. 노년은 사랑과 만끽과 축복의 시간이다. 노인은 인형뽑기 기계 속의 인형이 아니라 충만한 기쁨의 존재이다.

나도 간혹 노화가 무섭고 노인이 가엾다. 하지만 노화를 무턱대고 두려워하거나 걱정할 것은 없다. 노인들은 제각기 잘 지내고 있다. 그보다는 지금 이 순간의 기쁨도 음미 못 하는 나 자신의 무감각이 더 큰 걱정거리다.

나는 더 늙어서야 삶을 강렬히 사랑하게 될까. 그게 어리석은 인간의 운명인가. 이 무감각을 어떻게 치유할 수 있을까. 우선 숲으로 산책을 나가봐야겠다.

죽음의 절망이 희망을
탄생시킨다

나만큼이나 평범한 중년 남성이 횡재를 했다. 전능한 신이 꿈에 나타나 3개월 후에 죽게 될 거라면서 위로금 100억 원이 든 돈가방을 건넸다. 남자는 비명을 지르면서 눈을 떴는데 곁에는 정말 100억 원이 든 돈가방이 놓여 있었다.

수명이 기껏 3개월 남은 이 남자는 100억 원을 어떻게 쓸까. 방법은 크게 두 가지다. 쾌락 소비와 의미 소비가 그것이다. 쾌락을 위해 소비를 할 것인가 아니면 의미를 위해 소비를 할 것인가.

하루에 1억 원씩 맛있는 걸 먹고 좋은 옷을 사 입는 것이다. 음주가무를 즐길 수도 있겠다. 아무튼 남은 3개월 즐거움을 최대화할 쾌락 소비가 하나의 선택지다.

다른 것은 의미 소비다. 의미를 위해 돈을 쓰는 것이다. 아이 어른 할 것 같이 가난하고 아픈 사람들을 돕는다.

경제적 곤란을 겪는 젊은이들에게도 돈을 기부한다. 그리고 사랑하는 이들에게 사랑의 선물을 나눠줄 수 있을 것이다. 이렇게 의미 있는 일에 돈을 쓰면 감격하는 얼굴을 원 없이 보면서 손을 잡고 함께 기쁨을 맛볼 수는 있다.

보통 사람들은 어느 쪽을 택할까. 내 추측으로는 의미 소비의 선택 가능성이 많이 높을 것 같다. 며칠 동안 쾌락 소비를 하고 나면 금방 알게 된다. 호의호식이나 음주가무가 오히려 큰 공허함을 남기고 죽음의 공포를 줄여주지 못한다고 걸 안다. 그렇게 자기의식을 관찰한 사람은 의미 소비로 방향 전환할한 가능성이 높다.

내가 후자의 소비를 했다고 가정해 보자. 아마 나는 깜짝 놀랐을 것이다. 내 속에 그런 가능성이 있다니, 놀라지 않을 수 없다. 남을 위해 내 돈을 쓰면서 행복해하는 내 모습. 그런 가능성이 내게 숨어 있었다는 걸 알고는, 나는 감동했을 것이다.

그러니까 나는 죽음 덕분에 내 속의 새로운 가능성이 발현된 것이다. 죽음은 인간에게 절대적 절망이다. 그런데 그런 절대적 절망 덕분에 나는 새롭게 태어났다.

죽음의 절대적 절망이 새로운 인간을 탄생시킨다. 이런 게 기적이 아닐까. 그리고 이런 기적을 나이가 들어서, 죽음을 의식하는 경지에 올라서야 체험할 수 있다.

비슷한 뜻일 텐데도 참으로 어렵게 표현한 천재가 있다. 독일의 철학자 하이데거가 "죽음은 불가능성의 가능성"이라고 했다. 여러 해석이 가능하겠지만 강영안 철학자는 이렇게 해설한다.(『나는 어떻게 죽을 것인가』, 강영안 외, 21세기북스)

인간의 힘으로는 막거나 밀어내는 게 불가능한 죽음 앞에서, 인간은 "비로소 자신의 삶을 스스로 기획" 하고 "자기 존재를 자기 것으로 거머쥘 수 있다."

불가능한 죽음이 있어서 우리는 삶을 진실하게 기획하고, 나 자신의 존재를 내가 원하는 대로 조형할 가능성을 얻는다.

죽음이 없다면 그런 가능성은 아마 열리지 않을 것이다. 100억 원을 받은 범속한 그 사람은 돈이 바닥날 때까지 흥청망청 쾌락 소비를 즐김으로써, 차원이 다른 사람이 될 가능성을 날리기 쉽다. 죽음이 있어야 내가 정말로 소망하는 가치를 실현하고 싶은 열망이 태양처럼 뜨거워진다.

죽음은 무참하게 비통한 것이다. 그 무엇보다 무서운 일이다. 하지만 죽음은 피할 수 없다. 인간이 어쩔 수 없는 불가능한 현상이다. 그 불가능한 죽음이 우리의 가능성을 연다. 나이가 든다는 건 그 죽음에 가까워진다는 이야기다. 각자 최고 최선의 버전이 될 가능성이 열린다는 뜻이 된다. 노년은 소멸의 그림자가 서서히 다가오는 시절이다. 최고 최선의 내가 되기 위해서 남은 시간 동안 무엇을 할 것인가. 이런 의미 깊은 철학적 숙고를 젊은 날에는 하기 어렵다.

04 _____

경이롭지 않은
노년은 없다

마음이 노화의 양상에 큰 영향을 끼친다. 노화를 끔찍한 형벌로 여기는 이에게는 지옥의 노년이 열리고, 노화를 인생의 고마운 보상으로 여기는 이에게는 천국의 노년이 열린다. 우리는 어떤 마음을 가져야 할까.

가장 아름다웠던 시절의 나는

　　　　　　조금도 늙지 않는다

　나이가 들면 젊은 시절에는 좀처럼 무망한 신비 경험을 하게 된다. 이를테면 두려움이 줄어든다. 쉽게 피곤해져서 종종 잡념이 줄고 숙면이 찾아온다. 시야가 넓어져 작은 일이 더 작아 보인다. 더 철학적이게는, 삶의 본질이 무엇인지 숙고하는 것도 노년의 신비 현상이다. 물론 반대로 무슨 흑마술에라도 걸린 듯이 속과 시야가 좁아지고 강퍅해지는 노인도 있기는 하지만 대다수는 아닌 듯싶다.

　그런데 위의 신비 체험은 엄청나게 대단한 게 아니다. 젊은이들도 전해 들은 적이 있는 것들이어서 놀랍지는 않을 것이다. 지금부터 이야기할 체험이 오직 노년만의 내밀한 신비 체험이다.

　내 존재의 핵심 일부가 세월을 초월한다. 시간의 강물에 휩쓸리지 않는 나의 시간 초월 핵심이 있다는 걸, 나이가 들수록 더 선명하게 감지하게 된다. 말하자면 '자신의 시간 초월성 발견'이 노년만의 특별한 체험이다.

대부분 비슷했겠지만 나는 30살이 되었을 때 "벌써 30살인가" 싶었다. 그 말은 아직 내가 30살이 아니라는 자각이 심중에 있었다는 말이다. 40살에도 그랬고 50살에도 다르지 않았다. "내가 벌써 마흔이고 쉰이라니 믿을 수 없다. 난 아직 어린 것 같은데…"라는 마음이 든다. 내 속에 더 파릇한 내가 있다는 느낌을 떨칠 수가 없다. 분명히 그랬다. 시간의 절연체여서 나이를 먹지 않는 나의 작은 존재가 감지되었다. 그러면 60살이 되고 70살이 되면 어떨까. 다르지 않을 게 확실하다.

예를 들면, 고 박완서 작가가 그랬다. 산문집 『못 가본 길이 더 아름답다』(현대문학)에 나오는 이야기다. 박완서 작가가 어느 날 남을 보듯이 자신을 바라봤다. 나는 누구인가?

답은 이랬다. "스무 살에 성장을 멈춘 영혼이다. 80을 코앞에 둔 늙은이다." 그렇게 "두 개의 나"가 보였다고 했다. 거의 80살인 자신 속에 20살의 자신이 시간을 초월해 그대로 있었다.

왜 하필 20살일까. 가장 아름다운 시절이었기 때문이지 않을까.

1931년생인 작가는 1950년 6월 초 대학에 입학했다. 시골에서 상경하여 엄마와 함께 갖은 고생을 했던 소녀가 가난한 성차별의 시대에 찬란한 대학생이 되었다. 자부심과 꿈과 설렘이 스무 살 마음을 가득 채웠을 수밖에 없다. 삶에서 가장 완전한 시간이란 그런 것이다.

하지만 그 아름다운 시절이 한 달도 지나지 않아 산산조각이 난다. 6월 25일 한국 전쟁이 일어났다. 총격과 폭격에 집이 무너지고 길이 끊어졌으며 피난과 굶주림 속에서 피붙이를 포함해 수많은 사람이 비참하게 죽어 나갔다. 지옥이었다. 전쟁은 공포와 고통의 감각을 심고 꿈을 파괴함으로써 스무 살 여성의 삶을 망가뜨렸다.

그런데 놀라운 일이 생겼다. 그 스무 살 젊은이가 부서지지 않았다. 대신 피터 팬처럼 성장을 멈추고 그대로 가슴에 남는다. 60년이 지나서 80살 노인이 되어도 사라지지 않는다. 80살 쓸쓸한 날에 거울 앞에 서면 20살의 내가 나를 바라보는 걸 보게 된다.

누구나 비슷하다. 가장 아름다운 시절의 내가 내 속에 그 모습 그대로 있다. 고통이나 좌절이나 혼탁함에 휩쓸리기 전의 아름다운 나는 사라지지 않고 그 나이 그대로 평생 마음속에 남는다.

40살이나 50살 정도 되었다면 거울을 보시라. 노화된 얼굴 너머로 가장 귀엽고 사랑스러운 열 살이나 스무 살의 내가 보일 것이다. 그것이 진짜 나일지 모른다. 진정한 나, 진실한 나, 영원한 나 말이다.

내 핵심 존재는 변화하지 않고 어린 시절 그대로라고 생각하면 내가 귀엽고 가엽다. 고생스럽게 살아온 내가 안타깝다. 그건 나를 사랑하게 된다는 뜻이다. 이 세상의 세속적 가치에서 잠시 벗어나 실패했건 아니건 화려하건 아니건 나를 안아주고 싶어서 가슴이 뜨거워진다. 이는 섬세하게 늙은 사람이 누릴 수 있는 신비한 감정이다.

물론 혼란을 겪을 수도 있다. 박완서 작가보다 12살 정도 언니이며 지금은 고인이 된 노벨상 수상 작가 도리스 레싱(2007년 노벨문학상, 1919~2013, 이란)이 영국 언론 인터뷰에서 노인들의 비밀을 고백했다.

"모든 노인이 공유하는 가장 큰 비밀은 70년 80년 동안 조금도 변하지 않는다는 사실이다. 몸은 변하지만 당신은 전혀 변화하지 않는다. 물론 그것은 큰 혼란을 유발한다."(더 선데이 타임스 1992년 5월 10일자 기사)

우리 존재의 중심은 변화하기 어렵다. 늙지 않고 어릴 적 그대로다. 그래서 80살 겉모습대로 행동하고 말하는데 내 속에는 아직 20살의 내가 변함없이 들어앉아 있다. 내가 두 개다. 나는 두 겹의 존재다. 당연히 혼란스러울 수밖에 없다.

그런데 그 혼란이 절대 나쁘지 않다. 내가 늙었으되 아직 어리다. 나는 중후하면서도 귀엽다. 내 아내도 원숙해졌으나 여전히 청초하다. 옛날 결혼식 사진 속의 두 젊은이가 각자에게 그대로 들어 있다. 모든 사람 속에 가장 아름다운 시절이 응결되어 있다. 그렇게 생각하면 나와 타인을 구경하는 재미가 훨씬 커진다.

긍정적인 시각만으로도
7년을 더 살 수 있다

앞서 젊다고 생각만 해도 몸이 최대한 젊어진다고 이야기했는데, 여기서 할 이야기도 비슷하다. 노년에 대한 생각이 긍정적이면 몸도 건강해진다는 게 요점이다.

반대로 노년에 대한 생각이 부정적이면 몸이 망가진다. 건강이 나빠지고 기억력이 감퇴하고 수명이 7년 이상이나 짧아진다.

먼저 기본 내용을 정리를 해보자. 노년에 대한 부정적 생각은 이런 것들이다.

"노인은 쓸모 없는 사람들이다."

"나이 먹으면 삶의 재미가 있을 수 없다."

"노화가 진행되면 몸이 아프지 않은 곳이 없다. 노년은 고통의 시간이다."

"늙으면 다 끝나는 거야. 희망이나 성장 같은 것이 다

없어진다."

위와 같이 노년을 암울하고 괴롭게 바라보는 시각은 바이러스처럼 건강에 해롭다. 반대로 긍정적인 생각은 이런 것이다.

"노인도 가족과 사회에 기여할 수 있다."
"나이들어도 삶의 재미는 넘쳐난다."
"건강 관리만 잘하면 노년기도 편하게 보낼 수 있다."
"고령자에게 성장의 기회와 희망은 있다. 그것은 찾기 나름이다."
"나이 들면 지혜가 생긴다. 분명히 그렇다."
"나이가 많아지면 평화롭고 고요한 삶의 행복을 누릴 수 있다."

위와 같이 노년을 긍정적으로 평가하는 사람에게는 건강이 찾아오고 무병장수의 기회도 생긴다.

그런데 주의할 게 있다. 자신을 속이려는 과장된 긍정은 오히려 해롭다. 진실한 긍정의 태도가 요구된다. 미국 뉴욕타임스에 실린 한 심리학자의 기사 "노년에 대한 마음가짐을 어떻게 바꿔야 할까 How to Change Your

Mind-Set About Aging"(2023년 9월 20일자 기사)를 소개하면
이렇다.

"나는 요즘 50대 때처럼 테니스를 칠 수 없다.
10분밖에는 못 친다. 그래도 말이야, 아직 테니스를
칠 수 있을 만큼 건강한 건 사실이다. 얼마나
다행이야."

위와 같이 정직한 평가와 낙관주의로 자신의 현 상태를
긍정해야 한다. "나는 여전히 50대 때처럼 건강해."라고
과장하면서 자신도 믿지 않을 비사실적인 긍정을 말하면
오히려 자신에게 해롭다.

이제 본격적인 이야기를 해보자. 노년에 대한 긍정적
생각은 건강에 어떤 영향을 끼칠까.

이 주제와 관련해 가장 유명한 연구는 2001년에 있었다.
미국의 예일대과 하버드대 연구팀이 50살에서 80살까지의
660명을 대상으로 연구했는데, 노년에 대한 긍정적 시각을
가진 사람이 7.5년을 더 사는 것으로 나타났다. 혈압,
콜레스테롤, 체질량지수 등에서 모두 좋은 수치가 나왔다.

노년에 긍정적인 사람들은 삶도 건강하다. 미국인을

대상으로 한 2004년 연구에서 보면, 시각이 긍정적인 노인들이 운동을 더 많이 하고 균형 잡힌 식사를 한다. 또 건강 검사를 빼먹지 않고 받으며 처방에 맞게 약을 받아 복용하는 비율도 훨씬 높았다.

노년이 아름다운 시절이라고 보는 노인들이 건강하고 밝게 지낸다고 할 수 있다.

반대로 노년에 대한 부정적 생각은 무엇보다 심장에 해롭다. 예일대학교 교수 베카 레비(Becca R. Levy)의 2009년 연구에 따르면, 노년을 부정적으로 평가하는 30대 사람들은 나중에 늙어 인생 후반기에 심장마비 등 심혈관계 질환을 경험할 확률이 훨씬 높았다. "늙으면 무슨 소용 있겠어?"라는 부정적 말은 심장에는 자객이나 다름없는 것이다.

부정적 노년 인식은 두뇌에도 해를 끼친다. 기억력을 약화시킨다. 베카 레비 연구팀의 2011년 연구에서는 60살 이상의 사람들의 기억력을 30여 년 추적 분석했는데, 노년에 부정적인 사람의 기억력 저하가 30.2% 더 심한 것으로 나타났다.

우리는 아무리 발버둥 쳐도 노화에 이르게 된다. 그런데 노화의 양상은 경제적 조건이나 유전만으로 결정하는 게 아니다. 뜻밖에도 마음의 지분이 아주 크다.

마음이 노화의 양상에 큰 영향을 끼친다. 노화를 끔찍한 형벌로 여기는 이에게는 지옥의 노년이 열리고, 노화를 인생의 고마운 보상으로 여기는 이에게는 천국의 노년이 열린다. 우리는 어떤 마음을 가져야 할까. 정답이 너무나 쉽다.

노안이 오면 세상이
　　　　　깨끗해 보인다

　인간이 간사하다는 격언은 진리인 것 같다. 사람은 자기
이익에 금방 무뎌진다. 명백한 이득을 얻었음에도 금방
잊어버리고 새로운 불만 거리를 찾는 본성을 갖고 있다.
그래서 인간은 행복해지기 어렵다. 삶의 기쁨을 누리려면
섬세해져야 한다. 간사한 자신을 경계하면서, 자신에게
안겨진 이득을 섬세한 감각으로 종종 돌아보고 인정하면
마음이 화사해지고 행복해져서 좋다.

　나는 노안이 나에게 이득을 준다는 사실을 오랫동안
인지하지 못했다. 나이 들면 팔다리 근육만 약화되거나
허리만 뻣뻣해지는 것이 아닌 모양이다. 40대부터 수정체
조절 근육이 약화되고 수정체의 탄력도 떨어진다고 한다.
그러면 수정체를 볼록하게 만들지 못하게 되고 가까운
사물의 이미지 정보가 시신경에 선명하게 전달되지 않는다.
그게 노안인데 이런 눈의 퇴행이 이득을 줄 수 있다고는
감히 상상하지 못했었다. 하지만 나는 무감각할 뿐 이미

누리고 있었다.

요약하자면 노안은 세상을 깨끗하게 보여주며 그 결과 개인적으로는 마음이 깨끗해지고 지구적으로는 환경이 깨끗해진다.

먼저 노안 덕분에 삶의 공간이 깨끗해 보인다. 집 구석구석 먼지가 눈에 들어오지 않으니 노인은 혼탁한 집안마저 깨끗하게 보게 된다.

한번은 나와 아내와 아이 그렇게 셋이서 집에서 소고기를 구워 먹고 있었다. 파격 할인가로 구입한 한우였다. 소에게는 미안했지만 아무튼 맛 있었다.

그런데 식사 도중에 당황스러운 일이 벌어졌다. 내 젓가락에서 고기 한 점이 빠져나가 거실 바닥에 떨어진 것이다. 내 반사 신경은 참 대단했다. 떨어진 고기를 순식간에 집어 들었고 후후 불어서 그대로 입안에 넣었다. 아이가 기겁했다.

"아버지. 집 바닥이 얼마나 더러운데요…"
"그래? 내가 보기에는 전혀 더럽지 않은데… 아무 문제 없어."

아이는 거북했던 것 같다. 찡그린 표정을 좀처럼 풀지 못했다. 고기에 묻어 있던 이물질들이 질병을 일으켰거나 내 수명을 단축시킬까. 아니면 내 몸에 들어가서 영양분으로 분해 흡수되어 나의 고마운 일부가 되었을까. 그건 알 수 없다.

아무튼 고기에 붙은 이물질들은 내 눈에 보이지 않았다. 집안 바닥도 아이 눈에는 불결했을지 몰라도 나의 눈에는 전혀 더러워 보이지 않았다.

집안이 너저분해 보이지 않으니 우리 부부는 청소를 자주 하지 않고도 마음이 평화롭다. 청소 시간과 에너지가 줄어들어 삶의 여유도 늘었다. 이는 명확히 노안이 주는 고마운 혜택이다. 한우 조각을 떨어뜨렸다가 아이의 잔소리를 들은 후, 노안과 '청안'을 비교하다가, 깨달은 노안의 은혜. 청소의 노고를 줄여준 노안이 감사하다.

청소하지 않으면 불결하고 비위생적이라고 힐난할 사람도 있을 것이다. 그런데 우리 그러지 말자. 신사 협정을 맺자. 서로의 위생 관념을 존중해주는 것으로 하자. 가령 전문가들이 뜯어말리는데도 불구하고 개와 입을 맞추고야 마는 사람들이 세상에 많다. 우리 노안인은 그들이 불결하다고 혐오하지 않는다. 동물 배설물이 식탁 부근에 쌓여 있는 집도 많다. 날리는 고양이 털을 들이마시거나 밥에 얹어 먹는 이들도 흔하다. 이 경우에도 우리 노안인은 건강을 염려하는 척하면서 은근슬쩍 그들을 비난하지 않는다. 모든 사람은 저마다 더럽게 살 권리가 있다. 그렇다면 먼지와 머리카락이 좀 굴러다닌다는 이유로 우리 노안인의 거주 공간을 폄훼하는 것도 불공정하고 무례하다.

우리 노안인은 특별히 더럽지 않다. 여유로운 빈도로 청소하면서 행복하게 잘 살고 있다. 거주 공간이 깨끗해 보이니 청소를 덜 할 뿐이다. 보이지도 않는 먼지를 쓸고 닦을 이유가 없지 않은가.

청소 횟수만 감소한 것은 아니다. 50대가 된 후 우리 부부는 빨래도 덜 한다. 아내는 병증까지는 아니어도 지나치게 깔끔한 사람이었지만, 겉옷 세탁을 게을리하게 되었다. 큰 원인은 당연히 노안이다. 옷이 더러워 보이지 않으니까 세탁기를 돌리지 않는 것이다. 나는 최근에 진바지를 6개월 이상 세탁하지 않고 입었던 적도 있다. 게을러서이기도 하지만 도대체 더러워 보이지 않으니 굳이 세탁물 통에 넣을 심적 계기가 생기지 않았다.

더러운 것이 보이지 않으면 세탁 횟수가 줄어드는 것은 당연하다. 그 결과 마음이 편하면 빨래하는 시간과 노력이 감소하고 결국에는 에너지와 집중력 절약으로 귀결된다.

그런데 역시 야유가 들려오는 것 같다. 세탁을 자주 하지 않으니까 노인들 몰골이 지저분한 거라고 누군가 소리 높이는 환청이 들린다. 대체로 맞다. 노안 있는 사람의 옷이 덜 깨끗하다. 노안 없는 사람이 세탁에 시간과 노력을 많이 쏟고 집중력도 배분하기 때문에 더 깔끔해진다. 사실이다. 하지만 그것은 표피의 사실일 뿐이다. 깊은 진실은 다르다. 세탁하지 않으면 덜 깨끗한 것은 맞지만 그렇다고 비위생적이라고 단언하기 어렵다. 나아가서 노안이 있는 사람은 비의도적이지만 자신의 깨끗함은 일부 희생하고는 대신 지구 환경에 기여한다.

예를 들어서 청바지를 1년 넘게 세탁하지 않으면 비위생적인가? 아니라는 연구 결과가 있다.

2011년 캐나다 앨버타 대학 교수 레이첼 맥퀸이 청바지를 세탁하지 않고 일 년 내내 입고 다니는 학생의 사연을 듣고는 연구에 돌입했다.

청바지를 빨지 않으면 얼마나 더러워질까. 연구 결과는 의외였다. 세탁한 지 15개월 된 청바지와 2주 된 청바지 비교했는데 박테리아 검출량이 거의 비슷했다. 1년 정도 세탁하지 않아도 청바지는 오염되지 않는다.

훨씬 더 유명한 사람이 훨씬 더 오래 세탁하지 않는

충격적인 사례도 있다. 2019년 BBC 뉴스 코리아 기사에서 소개한 그 충격적 인물의 이름은 칩 버그인데, 그는 청바지 회사 리바이스의 CEO이다.(2019년 7월 13일자 BBC 뉴스 코리아 기사 "세탁 : 당연하다고 생각한 옷 빨래, 하지 않아도 된다?"를 참조했다.)

그는 무려 10년 동안 청바지를 세탁하지 않았다. 생각만 해도 불결하다. 소름 끼친다는 독자도 있을 것이다. 그렇지만 그가 다리 피부 괴사와 같은 병에 시달렸다는 이야기는 없다. 그는 큰 부자니까 우리 서민과는 비교할 수 없이 정밀한 건강 검진을 받을 것이다. 색이 빠질까 봐 10년 동안 세탁하지 않은 청바지가 그의 건강을 해치지 않았다. 세탁 무용론은 자신감 넘치는 칩 버그의 철학인 것 같다. 그는 "사람들이 청바지뿐 아니라 모든 옷을 대할 때도 이러한 태도를 가졌으면 좋겠다."고 말했다.

같은 기사를 보면 세탁 반대론자들이 세상에 참 많다. 한 패션 디자이너는 "먼지는 말려서 털어버리면 된다."고 강조했다. 또 환경 단체 관계자는 폴리에스터와 아크릴 섬유가 많이 들어간 옷을 세탁하면 "옷을 빨 때마다 평균 900만 개의(플라스틱) 초미세 섬유가 자연으로 방출된다."고 주장했다. 하긴 허연 거품 내는 세탁 세제를 생각해 봐도 빨래의 환경 오염 문제가 클 것 같다.

잦은 세탁이 환경을 파괴한다. 세탁기를 돌리고 돌려서 자기 옷을 깨끗하게 지키다 보면 지구를 망가뜨린다. 집안 청소도 다르지 않다. 독한 세제를 풀어서 화장실을 깨끗하게 청소하면, 그 물은 집 밖의 어느 지구 공간으로 쏟아지게 된다.

결국 노안이 희망이다. 지구인이 전부 노안이 되는 그날이 오면 지구가 건강해질 것이다. 노안은 불편하다. 짜증스럽다. 하지만 이득도 준다. 무엇보다 세상이 깨끗하게 보이게 한다. 그래서 청소하거나 빨래하면서 소비하는 시간과 에너지를 아껴주고 환경 보호에 기여할 수 있다. 노안이 손실인 것만은 아니다.

끝으로 하나 더 이야기하면, 노안이 오면 사람도 깨끗해 보인다. 맞은편 사람의 외모 흠결이 잘 안 보인다. 삐져나온 눈썹과 검은 반점과 동그란 사마귀가 노안인에게는 흐릿하다.

젊은 시절 눈이 예민할 때는 타인의 얼굴 위 흠이 너무 잘 보였다. 그런 게 보이면 보는 사람의 마음이 불편해지지만 그것보다 더 큰 문제가 있다. 외모가 사람 평가의 기준이 된다. 외모를 주목하는 동안에는 그의 영혼과 진심과 캐릭터가 보이지 않는 것이다.

노안이 오면 외모는 흐릿하지만 상대의 내면 세계가 엿보인다. 이게 손해일 수만은 없다.

느리게 걷고,
　　　느끼는 능력이 생긴다

80대 중반인 나의 아버지는 갈수록 걸음이 느려진다. 나날이 줄어드는 보행 속도가 슬프면서도 무섭다. 걸음이 정지돼 머지않아 이별이 올 것 같아서다.

노인의 걸음은 서서히 느려지다가 결국은 멈춘다. 인생 전체를 놓고 보면 순환 사이클이 그려진다. 한 걸음도 뗄 수 없었던 아기가 기고 걷고 뛰다가 서서히 느려져서는 한 걸음도 뗄 수 없었던 그 본연으로 회귀한다. 역시나 늙으면 아기가 된다. 노인은 아기가 되려고 늙는 것이다.

청년은 생기 넘치는 표정으로 신나게 걷는다. 그러면 느리게 걷는 고령자들은 답답하고 괴롭기만 할까. 아파트 엘리베이터 문이 열려도 먼저 나가지 않고 옆으로 비켜서는 노인들이 있다. 자신의 걸음이 느리니까 먼저 내리라는 메시지다. 나의 아버지와 어머니도 같은 상황에서 똑같이 할 것 같다.

나는 느리게 걷는 고령자들이 안쓰러웠다. 그들은 속보 능력을 상실한 불쌍한 사람들 같았다. 아직 팔팔한 내가 나서서 그들을 위로 해주고 싶었다.

한번은 어머니에게 물었다.

"무릎이 아파 느리게 걷는 게 불편하지 않으신가요?"
"좋지야 않지. 그래도 꼭 나쁘지만도 않다."
"왜죠?"
"천천히 다니니까 마음이 편안해지더라. 그건 참 좋다."

예상을 좌절시키는 말이 기억에 남는다. 힘들다거나 고통이다라는 말을 예상했는데, 어머니는 그 반대말을 하셨다. 순간 말을 잊고 질문에 정신을 집중하게 되었다.

느리게 걸으니 편안하다는 게 무슨 뜻일까. 그러나 금방 떠올랐다. 나도 한동안 완보 산책을 시도한 적이 있다. 천천히 산책하면 평온을 준다는 걸 그때 절감했었다. 나는 까맣게 잊고 있었는데 아내와 비슷한 대화까지 했다.

아마 이랬던 것 같다. 아내가 먼저 질문했다.

"느리게 걸으면 뭐가 좋은가요?"

"평온해집니다."

"왜 그렇죠?"

"목표를 향해 나를 끌고 가는 목줄에서 풀려나기 때문이죠."

세상은 목표 중독 세상이다. 우리는 스마트폰 중독자나 알코올 중독자이기 전에 목표 중독자이다. 불빛 발원체로 달려드는 날벌레처럼 우리는 목표를 향해 달려든다. 성과, 효율성, 속도가 목표 중독 세상의 최선이고 우리의 목줄과 고삐에 새겨진 구호다. 그런 속박의 사슬을 단숨에 깨뜨리는 방법 중 하나가 바로 느리게 걷기다.

산이나 산책길이나 동네 인도에서 천천히 걷는 것으로 충분하다. 평소의 절반 속도로 몇 걸음 떼자마자 우리는 자유의 몸이 된다. 목표 집착에서 벗어난다. 시간표와 마감 시한과 데드라인도 잊고 목줄에서 풀려난다.

그렇게 자유의 몸이 된 우리는 편안하고 평온하다. 신기하게도 단 1분만 천천히 걸어도 충분히 행복해진다. 그런데 고령자들은 하루 몇 시간씩 천천히 걷는다. 생각해 보면 놀라운 일이다. 젊은이들은 기를 써도 완보를 몇분 지속하는 것이 힘들지만, 노인들은 힘들이지 않고도 하루 종일 천천히 걸을 수 있다. 걷는 내내 평온과 평화를 느끼지 않을까. 부럽다.

엘리베이터를 빠져나온 나는 고작해야 바로 앞 편의점을 가면서도 그렇게 빨리 걸었다. 반면 추월을 허용한 노인은 어디로 가는지 모르지만 내 뒤에서 천천히 움직였다. 나는 편의점에 조급히 도착함으로써 뭘 얻으려고 했던 걸까. 분명 그 노인이 더 편안하고 평화로웠을 것이다.

평화로운 완보가 눈을 뜨게 한다. 내 경험으로는 적어도 세 가지가 보였다.

첫 번째로 내가 보였다. 나의 호흡 소리가 들렸고 내 시선의 움직임이 느껴졌으며 내 발바닥의 감각이 다리를 타고 올라왔다. 느린 걸음은 명상과 다름없다고들 한다. 느리게 걸으면 평화 속에서 나를 만나고 나를 볼 수 있다.

두 번째로 완보는 세상을 보여준다. 햇살과 나뭇잎은 천천히 걸어야 느끼고 보인다. 지저귀는 새 소리와 아이들의 깔깔깔 웃음소리는 급하게 걷는 사람의 귀에 들어가지 못한다. 천천히 걷는 사람에게 그간 보이지도 들리지도 않던 세상이 열린다.

세 번째로 내가 갈 길이 보인다. 이는 신비 체험에 가깝다. 천천히 걸어 가면 내가 어디로 가야 할지 길이 보인다. 나의 경우, 무엇이 나에게 중요한가, 어떤 삶을 살아야 할까, 무엇이 내 삶을 망치는가 등등 그런 생각이 떠올랐다.

나이 들면 걸음이 느려진다. 근육 손실, 균형 감각 약화, 관절 문제 등이 원인이다. 그런데 얼마나 느려질까. 미국국립보건원(NIH) 홈페이지에서 누구나 읽을 수 있는 한 자료에 따르면 이렇다.(캐나다 웨스턴 온타리오 대학의 연구팀이 발표한 1988년 논문 〈노화 관련 걸음 속도의 변화 Age-related changes in speed of walking〉 참조).

62살까지는 십 년마다 1~2% 정도 걸음 속도가 경미하게 줄어들다가 그 후에 커진다. 63살 이후 여성은 십 년마다 12.4% 느려지고, 남성은 16.1% 느려진다.

그러니까 남자인 나는 72살 때는 63살 때보다 16% 느려진다는 것이다. 큰 수치가 아닌 듯싶겠지만 비가역적 상실을 겪는 노인 당사자는 아마 작은 일이 아닐 것 같다. 걸음이 느려지지 않도록 분투하는 건 좋은 일이다. 병원에 가고 운동도 하면 될 것이다.

느려지는 게 기쁜 일만은 아니다. 슬플 것이다. 아픔이 적지 않을 테고 불편도 클 것이 분명하다. 하지만 노인의 느린 걸음은 잘만 하면 사람의 깊이를 더한다. 세상과 삶을 음미하게 도와주기도 할 것이다.

다시 말해서 우리는 늙은 후에 마음의 가디언을 갖게 된다. 이 수호자 혹은 경호원은 바로 완보 능력이다. 조급하거나 불안하지 않게 느린 걸음이 마음을 보호해 주는 것이다.

정확히 어떤 느낌일까. 평화와 행복감은 무릎의 통증을 얼마나 상쇄해 줄 수 있을까. 그때도 행복한 줄 모르고 아프다고만 할까. 늙은 후 우리가 직접 체험함으로써 알게 될 일이다.

다시 젊어지는
마법이 있다

고마운 어벤져스 같은 사람들이 있다. 인류 최고의 두뇌들이 늙지 않는 비법을 제각기 힘들게 찾아내서 꼼꼼히 기록으로 남겨 놓았다. 나이 들면 그들의 경험과 지성이 용해된 마법의 조언들을 가슴에 담을 수 있다. 우선 사랑이 젊음의 비결이라는 조언이 있다.

깊이 사랑하는 사람은 절대 늙지 않으며, 많은 나이에 죽을지라도 청년으로 죽는다.(미국의 정치가 겸 작가, 벤저민 프랭클린)

아름다움을 사랑하는 마음도 청춘의 비결이다.
사람은 아름다움을 볼 수 있는 한 결코 늙지 않는다.
(소설가, 프란츠 카프카)

반대로 아름다움에 무심해질 때 노화가 급속 진행된다. 그림, 사진, 자연, 그리고 사람에게서 아름다움을 찾아내는 심미안이 젊음을 되살려준다. 배움을 포기하지 않으면 젊어질 수 있다고 주장한 기업가도 있다.

20살이건 80살이건 배움을 멈추면 늙는다. 배움을 지속하는 사람은 젊음을 유지할 수 있다.(기업가, 헨리 포드)

배움뿐 아니라 열정을 포기하지 않는 것도 중요하다. 또 꿈을 포기하고 후회하기 시작하면 우리는 건물이 폭삭 무너지듯이 순식간에 늙어버린다.

그 누구도 열정이 죽어버린 사람만큼 늙을 수 없다. (작가, 헨리 데이비드 소로)

후회가 꿈을 밀어낼 때까지 사람은 늙지 않는다. (배우, 존 베리모어)

젊음은 인생의 한 시기가 아니라 마음의 상태다. 젊음은 장밋빛 뺨, 빨간 입술, 탄력 있는 무릎이 아니라 의지, 상상력의 수준, 감정의 활력이다… 이런 젊음은 종종 20살 청년보다 60살 어른이 더 많이 갖고 있다. 누구도 햇수에 따라 늙지 않는다. 사람은 이상을 버릴 때 늙는다. 세월은 피부에 주름을 남기지만 열정의 포기는 영혼을 주름지게 한다. 걱정, 두려움, 자기 불신이 심장을 뒤틀고 정신을 흙먼지로 만든다.(시인, 새뮤얼 울먼)

육체나 나이가 청춘의 증거가 될 수 없다고 시인은 말한다. 의지와 상상력과 열정이 청춘의 묘약이고, 걱정과 두려움과 자기 불신은 노화의 촉매다. 적극성을 발휘해서 노화와 맞서 대결해야 한다는 주장도 많다. 먼저 의미 있는 목표를 가지면 사람은 늙지 않는다.

노년기가 지난 날의 우스운 재탕이 되지 않는 유일한 방법은, 존재에 의미를 부여하는 목표를 추구하는 것이다.(철학자, 시몬 드 보부아르)

아무 목표도 없으면 50살이 되어도 30살 40살의 삶을 반복하면서 우스꽝스럽게 산다. 이전과 똑같이 생각하고 똑같이 말하는 인생의 재탕에서 벗어나기 위해서는 내 존재에 의미를 부여하는 목표를 찾아야 한다.

그렇다면 존재를 의미 있게 하는 목표란 무엇인가. 창의적인 활동을 하거나, 새로운 것을 배우거나, 내면의 성장을 지향한다. 또 타인과 사회에 기여하는 길을 찾고 진정한 사랑으로 가족과 친구를 감동시키는 것도 의미 있는 삶의 목표가 된다. 그런 목표를 가슴에 품을 때 그 어떤 노인도 스무 살의 에너지와 활력이 넘치게 된다. 호기심과 쾌활함도 노화를 이기는 무기가 된다.

굳이 젊어지려고 애쓰지 마라. 마음만 열면 된다. 세상일에 계속 관심을 갖는 것이다.(배우, 베티 화이트)

마음에 주름지지 않게 하려면 희망차고 친절하고 유쾌하며 존중해야 한다. 그것이 나이를 이기는 길이다.(시인, 토머스 베일리 올드리치)

호기심을 갖고 항상 웃으며 타인을 존중하며 친절한 태도를 가지면 노화를 이길 수 있다고 한다. 반대로 늘 시무룩하고 절망적이고 어두운 사람은 금방 시들어버린다.

한편, 생각도 노화와 싸우는 무기가 된다. 어떻게

생각하느냐에 따라 나이가 결정된다. 위대한 복서가 말했다.

우리의 생각이 곧 나이다. 우리는 늙었다고 생각하는
그만큼 늙는다.(권투선수, 무하마드 알리)

늙었다고 생각하면 우리는 늙게 된다. 아직 젊음의
열정이 심장 속에 있다고 믿으면, 젊음이 되돌아온다.

끝으로 편안한 청춘 전략도 있다. 굳이 노화와 맞설
생각을 하지 말고 인생을 즐기라는 메시지다. 셰익스피어의
소설 『베니스의 상인』에 나오는 말이다.

"즐거움과 웃음이 오래된 주름을 데려오도록 내버려
두라."

주름살은 얼마나 즐겁게 웃었는지 보여주는 둘도 없는
물증이다. 신경 쓰지 말고 실컷 기뻐하고 웃어야 한다.
노화에 무신경한 채 삶의 즐거움에 집중한다. 그렇게
나이를 무시해버리면 우리는 노화를 괴로워하면서
소중한 노년을 허비하는 일이 없다. 그냥 늙어버리자고
마음먹고서 즐길 수 있는 걸 즐기며 최대한 웃는 것이다.

세상에는 주름살이 무서워 웃지 못하는 미녀들이 많다.
노화를 웃음주는 유쾌한 친구로 받아들이는 용기, 그것이
슬기로운 노년 생활의 조건이다.

경이로운 손주가 생긴다

돈이 많다고 해서 손주를 쉽게 얻을 순 없다. 권력이 크거나 유명하다고 손주가 생기는 것도 아니다. 늙어야 손주를 본다. 손주는 젊어서는 가질 수 없는 노화의 보람이고 선물이다.

좀 무뚝뚝한 편인 나의 어머니는 이렇게 말씀하셨다.

"손주를 보면 행복하다. 어린 자식은 사랑스러우면서 밉기도 했는데, 손주는 더없이 사랑스럽기만 하다."

세상의 수많은 할머니 할아버지도 비슷한 마음인 것 같다.

왜 그렇게 손주가 좋을까. 나이 든 할머니 할아버지는 어린 손주를 보면서 뭘 느끼기에, 그렇게 손주 찬양을 하게 되는 건가. 내가 생각해 보니 세 가지 이유가 있다.

첫 번째 손주는 생명의 경이로움을 보여준다. 손바닥만 한 아기는 꼬물거리기만 하다가 점점 자라서 기고 걷고 뛰어다닌다. 말 한마디 못 했던 아기는 조잘조잘 쉬지 않고 수다를 떠는 능력을 몇 년 새 갖는다. 그 작은 아이가 우주에서 가장 섬세하고 복잡한 존재로 자라나는 장면을 보는 것은 자체로 경이로움이고 감동이다. 그런 느낌을 매일 선사하는 손주를 사랑하지 않을 수 없다.

두 번째로 조부모는 손주에게서 자신의 영원불멸을 느낀다. 물론 누구나 죽어 사라진다. 그런데 손주를 보고 있으면 자신의 일부가 이 우주에 영원히 존재하리라는 사실을 알게 된다. 손주는 조부모와 일부를 공유한다. 손주의 존재가 조부모에게는 자신의 유한성에 대한 큰 위로가 될 수 있다.

세 번째로 손주는 오래 잊었던 삶의 원초적 기쁨을 맛보게 한다. 웃고 만지고 껴안으면서 맛보는 가장 단순한 기쁨과 사랑, 그것을 손주로부터 경험하게 한다. 그런 감정은 가장 단순하고 원초적인 감정이라서, 부자나 빈자나 석학이나 무학자나 모두 공통으로 느낀다. 가장 낮은 자세로 느끼는 생의 기쁨을 손자가 준다.

하나만 덧붙이자면 손주 사랑은 세상에서 가장 진실한 사랑이라서 감동적이다. 소설가 공지영은 그녀의 소설 『먼

바다』(해냄출판사)에서 이렇게 말했다.

"세상에서 가장 진실한 사랑이 손주 사랑이라지.
아마도 그 사랑이 가장 진실한 이유는 대상에게
사랑 말고는 아무것도 바라는 것이 없어서일 거야."

물론 손주가 없다고 불행하거나 사랑을 모르는 것은
아니다. 손주 이전에 자녀가 없는 삶마저도 의미와
기쁨으로 가득할 수가 있다. 다만 손주가 생기면 미처
몰랐던 새로운 삶의 의미와 기쁨이 생기는 것은 분명한 것
같다.

나 또한 아직 손주가 없다. 앞으로 생길지 아닐지도
모른다. 막상 손주가 태어나면 할아버지라는 범주로
떨어지는 심리적 충격도 있겠지만, 그래도 생애 첫 기쁨과
깨달음의 계기가 될 것 같아서 기대된다. 손주의 존재는
우리의 생명이 유한하면서 동시에 무한하다는 신비로운
증거다.

주름이 깊어지면
관용적이게 된다

30대 신혼 생활과 80대 구혼 생활 중 어느 쪽이 만족도가 더 높을까. 대부분 젊은 신혼 시절에 손을 들어줄 것이다. 그렇게 우리는 청춘 이상화 질환에 걸려 있다. 젊은이의 신혼이 가장 아름다운 시절일 거라고 믿는 게 그 질환의 고질적 증상이다. 하지만 결혼한 사람들은 대부분 진실을 안다. 신혼의 순수 희열은 1년도 가지 않으며, 미움과 충돌과 다툼이 돌출하고, 아이라도 낳으면 기쁨은 잠시일 뿐 육아와 가사 노동의 배분 문제로 새로운 갈등이 시작되는 경우가 많다.

그런데 그런 체험을 뼈저리게 했던 사람들마저도, 신혼은 무궁무진 아름답다고 믿는 습관을 평생 버리지 못한다. 어디 개인뿐인가. 문화와 미디어까지 힘을 합쳐서 청춘과 신혼을 이상화하고 낭만화하느라 정신없다.

하지만 틀렸을 확률이 높다. 최면에서 깨어나야 한다.

30대 신혼 못지않게 80대 구혼도 얼마든지 행복한 시기가 될 수 있다.

신혼의 짧은 희열은 화려하고 뜨겁지만 구혼의 기쁨은 소박하고 따스하다. 신혼이 빨강노랑 꽃밭이면 구혼은 초록색 나무숲이다. 신혼의 맛이 달콤하고 자극적이라면 구혼은 여운이 감도는 감칠맛이다.

노년의 결혼 생활도 괜찮다. 젊은 시절과는 달리 안온한 행복감이 넘실대는 그곳도 역시 천국이다. 적어도 내 부모의 결혼 생활을 보면 그렇다. 나의 부모는 무뚝뚝한 편이라서 다정하거나 부드럽게 서로를 대하지 않았는데, 그거야 자녀로서는 크게 신경 쓰이는 일은 아니다. 자녀로서 힘들었던 것은 말다툼이었다. 빈도가 높지는 않았지만 의견 충돌은 종종 일어났다.

지금 생각해 보면 부딪히는 부모님의 어린애 같은 요구는 아주 단순해서 이렇게 요약할 수 있다. "당신의 생각이 틀렸다. 내 생각이 옳다. 나를 따라야 한다."이다.

자녀 교육이나 경제적 결정처럼 큰 문제를 놓고도 그렇게 대립했지만, 가끔은 저녁 메뉴를 결정하다가도 그렇게 다퉜다. 상대가 틀렸고 내가 옳다는 믿음이 백이면 백 말다툼의 바닥에 깔려 있었다.

생각해 보면 신기한 일이다. 내가 신혼이었을 때도 똑같은 믿음을 갖고 다퉜다. 친구 부부들의 다툼 원인도 다르지 않다. "네가 틀렸고 내가 옳다."는 생각이 의견 충돌 대부분의 출발이었다.

이제 고령자가 된 내 부모는 의견 충돌이 줄었다. 세어 보지는 않았지만 다툼이 대폭으로 줄어든 것은 분명하다. 말싸움 불꽃이 잠깐 일어났다가도 입바람 앞의 케이크 촛불처럼 금방 꺼져버린다. 심지어 부부는 다정하기까지 하다. 그 무뚝뚝했던 남녀는 마주 앉아 얼굴을 쓰다듬기도 한다. 자녀와 손주의 시선은 아랑곳하지 않고 말이다. 말다툼이 줄어들었으니 서로 애틋하고 따뜻해졌다고 봐야 할 것이다.

그런데 어쩌다가 의견 충돌을 줄이게 된 것일까. 관용적 태도 때문인 것 같다. 관용이란 서로의 차이를 인정하고 존중하는 태도다. 그러니까 "너는 틀렸고 나는 옳다. 당신과는 살 수 없다."가 아니라 "당신과 나는 생각이 다르다. 그래도 공존을 모색해 보자."라는 태도가 관용이다.

관용은 놀라운 부대 효과를 낳는다. 서로 우열을 따지지 않고 동등한 의견으로 취급한다. 상대의 주장을 판단하지 않고 경청하게 된다. 또 판단이나 비판 걱정이 없으니까 표현이 자유롭다. 내 부모의 결혼 생활이 그렇게 바뀌었다.

서로에게 이기려하지 않는다. 양보하고 경청하며 차갑게 비판하는 일도 크게 줄었다. 그러고 보니 나와 아내도 그렇게 되어 가는 것 같다. 또 내 친구 부부 중에서도 애초에 이혼한 커플도 있지만 여태껏 잘 살아왔다면 그들도 그렇게 관용이 커지고 충돌이 줄어드는 걸 자주 봤다.

나이가 들면 부부는 관용적으로 변한다. 관용은 젊은 시절에는 잘 알지 못하는 미덕이다. 경험과 시행착오와 성찰이 있어야 관용적 태도가 길러진다.

그런데 부부만 서로 관용적인가 하면 그렇지도 않다. 나이 지긋한 친구 사이에서도 그렇다.

비혼 중·장년의 삶을 다룬 『에이징 솔로』(동아시아)에 특별한 친구 이야기가 나온다. 70대 동갑내기 할머니 셋이 경기도 여주의 한 집에 10여 년 전부터 동거하고 있다. 오랜 친구였던 할머니 둘과 최근 사귄 할머니 하나가 서로 보살피고 함께 웃고 같이 여행도 하면서 즐겁게 살고 있다. 그런데 이들의 동거 생활은 즐겁기만 했을까. 아니다.

한 할머니는 단호하게 말했다. "젊었다면 일찍 헤어졌을 것"이라고 했다. 서로 한집에 살다 보니 50년 된 친구도 너무나 모르는 게 많다는 걸 알게 되었다고 했다. 동거 초반, 청춘의 신혼에 그렇듯이 실망과 갈등의 파도가 휩쓸고 지나갔던 모양이다. 그런데 어떻게 헤어지지 않고 잘 지내고 있는 것일까?

다른 할머니가 아주 인상적인 말을 했다. "저 친구가 나와 다르다는 거를 무심히 보면 되거든요. 그걸 무심히 보면 다툼이 안 일어나요."

친구와 내가 다르다는 걸 인정하고 받아들인 것이다. 달리 말해 관용적 자세로 갈등의 파도를 넘었다는 말이 된다. 친구가 나와 다르다는 걸 무심히 보는 게 젊은이는 쉽지 않다. 노년의 지혜일 것이다. 나이 들면서 부부나 친구로서뿐 아니라 사회인으로서도 관용적으로 된다. 가수 양희은의 『그럴 수 있어』(웅진지식하우스)에 나오는 대목이다.

"50년 넘게 노래하면서 노래 하나를 만드는 데에 여러 의견이 섞이고 각자의 입장이 다른 것을 본다. 프로듀서는 프로듀서대로, 작곡자는 작곡자대로, 편곡자는 편곡자대로, 연주팀은 연주팀대로 다 입장이 다르지만 목적은 같다. 좋은 노래를 만드는 것! 그러니 내 입장만, 내 의견만 옳다고 할 수 없다는 걸 알았다."

가수 양희은은 50년 넘는 커리어를 통해 확신하게 되었다. 음악 하는 사람들 모두가 입장과 생각이 다르다는 것을 말이다. 서로 차이를 인정하고 받아들여야 한다는 뜻이고, 달리 말해서 관용의 자세를 갖는다는 것이다. 수십 년 동안 부딪히고 다투고 화해하는 과정을 거쳐야 몸에 배는 가치가 관용이다. 관용을 배우면 양희은 씨의 말처럼 "그래서 안 돼." 대신에 "그럴 수 있어."라고 말하게 된다.

이숙영 심리학자는 90대 아버지가 비슷한 성숙과 변화의 과정을 거치는 걸 목격했다.

"많은 교과서파들은 '이래야 된다', '이렇게 하지 않으면 안 된다'는 생각이 많아 쉽게 비판적이 되며 상처를 받기도 한다. 오랜 인생을 교과서처럼 살아온 아버지에 따르면, 나의 상식과 도덕을 비껴가는 사람들을 이해하고 포용할 필요는 없어도 '그럴 수도 있다'는 관용의 자세를 가진다면 평온함을 지키는 데 도움이 된다고 한다." - 『92세 아버지의 행복 심리학』(한겨레출판)

"이렇지 않으면 안 된다."가 아니라 "그럴 수도 있다."라고 말하는 어른은 관용적이다. 부드럽고 따뜻한 심성을 가진 성숙한 사람이다.

물론 노인 중에서는 관용은커녕 아집과 미움만 키우다가 생을 끝맺는 이들도 없지 않다. 그래도 노년에 관용을 배울 개연성이 커진다는 사실은 변하지 않는다.

직접 경험해봐야 깨닫는다. 사람은 평생 수 없이 틀려본 후에야 누구나 틀릴 수 있고 더러 틀려도 아무렇지 않다는 걸 알게 된다. 나도 노력하기로 결심한다. 더 관용적이고 더 부드러운 마음이 훌륭한 노년을 위한 준비물이다.

청력 약화가 불행만은 아니다,
고요한 삶이 열린다

나의 아버지는 80살이 넘으면서 청력이 약해졌다. 어머니는 괜찮은데 아버지의 청력은 나날이 약해졌고 가족들은 목소리를 높여 말하면서도 완전한 의사소통의 바람은 접어야 했다.

가족들이 성화를 부려도 아버지는 보청기 착용이 싫다고 했다. 이유는 알기 어렵다. 돈이 아까웠을까. 병원에서 여러 차례 청력 검사를 받아야 하는 등 복잡한 절차가 귀찮았을까. 아니면 둔화된 청력으로 사는 게 그럭저럭 괜찮았기 때문일까. 아무튼 아버지는 청력이 점점 나빠졌고, 소리를 키운 TV 앞에 혼자 앉아 있는 뒷모습을 더 자주 보이게 되었다.

노인의 청력이 약화되면 의사소통이 되지 않아 고립되는 문제가 생기며, 더 나쁜 경우 치매의 확률도 높인다는 게 흔하고 일반적인 설명이다. 그래서 청력을 잃은 노인을 아주 불행한 사람으로 연민하는 것도 일반적인 태도다. 그런데 연민이 온당할까. 청력 등 감각이 둔화된 노인은 불행의 늪에 빠지는 가여운 존재일까. 아니라고 주장하는 사람도 있다. 반대로 청력을 잃고 나서 평생 몰랐던 경험 세계에 이르렀다는 증언이 있다. 어쩌면 청력 등 오감의 퇴화는 새로운 감각, 새로운 관념, 새로운 삶을 차례로 열지도 모른다.

청력 상실의 축복을 말한 사람은 스페인의 '마리아 할머니'다. 세계 최고령자인 마리아 브라냐스 모레라는 117번째 생일을 맞아서 2024년 3월 SNS에 이런 글을 올렸다.

'노년은 일종의 성례(聖禮)이다. 청력을 잃어도 더 많이 느낄 수 있다. 소음이 아니라 삶에 귀를 기울이기 때문이다."

마리아 할머니는 거의 듣지 못하기 때문에 가족들은 음성 문자 변환 장치를 이용해서 할머니와 의사소통한다. 가족의 목소리도 들을 수 없을 정도라니 몹시 불편한 것 같다. 하지만 뜻밖에도 마리아 할머니는 청력 상실이 주는 기쁨과 기적을 말한다.

마리아 할머니는 노년을 종교의식인 성례에 비유했다. 가톨릭에서는 세례, 성찬, 고해, 혼인 등이 성례에 속한다. 신의 은총과 축복이 신도들에게 감각적으로 전해지고, 초월성을 경험한 신도들은 깊은 영적인 변화를 겪게 된다. 그러니까 성례는 축복과 변신의 계기인 셈인데, 마리아 할머니는 노년도 그렇다고 평가했다. 말하자면 나이 들면 뜻밖의 축복이 따르고 예상치 못한 존재로 변모하게 된다는 의미다.

마리아 할머니는 청력 상실이 오히려 노년의 축복이 될 수 있다고 보는 게 분명하다. 물론 청력 상실은 크게 불편하게 엄연한 사실이다. 치매 확률이나 불행감을 키울 수도 있다고 하는 의사들의 말이 맞을 것이다. 하지만 마리아 할머니는 세상 사람들이 익히 알지 못했던 청력 상실의 이득도 말한다. 청력이 약화되면 소리를 듣지는 못하지만 더 많이 느낄 수 있다고 했다.

왜 그럴까. 청력이 약한 사람은 소음에서 귀를 떼고 삶에 귀를 기울이기 때문이다.

예를 들어서 가족들이 오랜만에 모였다고 하자. 여기저기서 떠든다. 만나서 반갑다며 하하호호 웃으면서 인사를 나눈 후에 명절 때마다 하는 질문과 대답으로 시간을 보낸다. 재산 자랑을 하고 자식 자랑을 하는 흰소리가 오간다. 아이들은 정신없이 소리 지르며 뛰어놀고 화난 부모는 더 크게 소리 지르며 제지하려고 한다. 어느 순간 접시 하나가 바닥에 떨어져 깨지고 놀란 개가 짖으면서 소음 총량은 더 늘어난다.

시끌벅적한 가족의 소음 하나하나도 정겹고 사랑스럽다. 하지만 청력이 낮은 어머니와 아버지에게는 그 소음이 잘 들리지 않는다. 대신 다르게 보일 것이다. 아름다운 무성 영화의 한 장면과 비슷할 테고 정지된 가족사진이나 가족 초상화처럼 보일 수도 있다.

우리도 똑같이 해볼 수 있다. 떠들썩한 가족들 앞에서 귀를 막아보면 안다. 귀가 정보를 수확하지 못하면 눈이 더 세밀하게 관찰하게 된다. 그리고 안 보이던 것이 보인다. 행복과 사랑과 기쁨이 가족의 얼굴과 집안 공기에 가득하다는 걸 목격하게 될 게 분명하다.

귀가 먹어버린 노인이 동종의 경험을 하게 된다. 자손들이 축복 속에서 시끌벅적하게 떠드는 모습에 감동할 것이다. 또 가족의 표정에 가득한 기쁨, 사랑, 가호, 환희도 눈에 들어올 수 있다. 이게 다 귀가 먹은 덕분이다.

소음은 물리적 현상이고, 기쁨과 사랑은 정신적 현상이다. 그러니까 청력 약화는 물질적 세계를 초월해서 정신적 세계로 옮겨가는 계기가 된다. 그럴 때 청력 상실은 놀라운 축복일 수도 있다. 표피적 소음이 아니라 깊은 삶에 귀를 기울이게 된 마리아 할머니는 그렇다고 증언한다.

베토벤을 봐도 청력 상실은 고통이자 은총일지 모른다. 베토벤은 28살에 청력 이상을 처음 인지했고 44살 전후에 친구나 방문자와 필담 없이는 대화할 수 없는 상태가 되었다. 하지만 베토벤은 1827년 56살에 사망하기까지 청력을 거의 잃은 상태에서도 많은 작품을 만들었다. 특히 9번 교향곡은 그가 청력을 상실한 후 작곡한 걸작으로 유명하다.

소리를 듣지 못한 베토벤에게 어떤 일이 일어났을까. 아마 정신이 깊어졌을 것이다. 자신과 대면하면서 삶의 진실에 관해 묻고 답했을 그가 지성이나 감성이 깊어지지 않는 건 불가능했을 것 같다. 짐작하건대 그는 우주의 소리나 신의 목소리도 들었을지도 모른다. 가령 9번 교향곡 환희의 송가가 말하는 "환희", "신의 광채", "빛이 가득한 성소"를 그의 마음이 듣고 봤을 법하다. 베토벤의 청각이 원활했다면 그는 세상의 소음에 정신을 자주 빼앗겼을 것이고, 내면으로 침잠하여 우주나 운명과 대면할 기회가 줄었을 것이다. 악성 베토벤에게 청력 소실이 오로지 해악이었을 뿐이라고 말하기 어려운 이유다.

상상해 본다. 어두운 방에 홀로 앉아 있는 나의 아버지도 베토벤과 같은 류의 내적 경험을 하고 있지 않을까. 21세기 평범한 한국 남자와 19세기 영원한 악성의 교점을 생각하니 이보다 더 재미있고 감동적일 수가 없다.

흔히 나이 들면 감각이 퇴화한다고 한다. 그런데 엄밀히 말해서 '감각의 퇴화'는 공정하지 않은 표현이다. 젊은이의 감각 예민성을 정상으로 설정한 후에 비정상을 규정하는 것이니까, 젊음 중심의 세계관에서 나온 개념이다. 달리 말해서 연령주의의 나쁜 산물이라는 평가가 가능하다.

패러다임을 바꿔서 젊은 시절의 오감을 과민한 비정상 현상으로 여기면 어떨까. 그때는 표현이 달라질 수밖에 없다. 이를테면 '감각의 퇴화'를 '감각 예민성 완화'로 대체하지 않을 수 없는 것이다.

그런 노인 중심의 패러다임에 따라 이야기를 바꿔보면 이런 이야기가 된다.

나이 들면 감각의 예민성이 완화된다. 좀 더 안정적이고 편안한 구조로 감각 구조가 진화하는 것이다. 젊고 예민한 감각의 삶은 효율적일지는 몰라도 몹시 피곤하다.

반면 둔감해서 편안한 감각은 삶을 평화롭게 만든다. 노화는 그렇게 평화로운 감각의 구조를 만들고 그에 걸맞은 새로운 관념의 구조와 새로운 삶의 구조를 연쇄 성장시킨다. 노년 중심의 세계관이 정립된다면, 그 세계 사람들은 감각 약화를 그렇게 긍정적으로 말하게 될 것이다.

　나는 그 세계관을 믿어보기로 했다. 내 아버지는 귀가 먹어가는 불쌍한 노인이 아니다. 감각의 예민성이 둔화되어 편안해지고 있다고 보는 게 온당하다. 또 마리아 할머니처럼 삶의 깊은 소리에 귀 기울이고, 베토벤처럼 자기 속에 침잠하는 기회를 누리고 있는지도 모른다. 나는 청력이 약해지면 당연히 보청기의 도움을 받겠지만, 가끔은 보청기를 빼고 고요한 세계와 편안한 무감각도 경험해 보고 싶다.

05 _____

노화의 역설,
나이 들수록 행복하다

나이 든 사람은 관계를 넓히는 게 아니라 깊이를 더하는 것이
목표이다. 이미 만들어놓은 관계, 이미 갖고 있는 기쁨, 우리 집에
있는 파랑새를 돌보는 것이 고연령층의 우선순위다. 그런 목표는
이루기 어렵지 않다. 행복해지기도 어렵지 않다. 그래서 행복의
역설 현상이 일어난다. 불행할 것 같은 노인들이 더 행복한 것이다.

일흔 살은 되어야
행복의 정점이 찾아온다

혹시 지금 불행하신가? 이 세상의 수천수만 명의 행복 전문가들이 모르거나 알면서도 입 밖에 내지 않는 행복의 비법이 있다. 바로 노화가 행복의 비결이다.

젊은 사람은 너무 멀어 보이겠지만 중년에 접어든 이들에게는 코앞에 임박한 특전이다. 조금만 더 기다리면 행복의 정점이 알아서 제 발로 찾아온다. 중년과 노년의 여러분들, 늙느라 수고하셨다. 조금만 더 참자. 원치 않아도 웬만하면 행복해진다.

여기 딱 맞는 개념이 있다. 노화의 역설이 그것이다. 늙으면 오히려 행복해진다는 의미다. 그럴 리가 있나. 동서고금을 막론하고 젊어야 행복하다고 믿는다. 팽팽한 피부와 팔팔한 활력이 행복의 조건이라는 게 청춘 중심 시각의 믿음이다.

사실 노화는 불행 그 자체인 것처럼 보인다. 늙는다는

건 많은 상실을 뜻한다. 육체적 힘이 빠져서 빨리 달리기 어렵다. 소리가 잘 들리지 않는 건 그렇다 쳐도 가까운 것이 보이지 않는 신기한 시각적 장애를 겪는다. 머리도 문제다. 개념이나 명칭이나 사람 이름을 곧잘 잊어버려서 "그것"을 입에 달고 산다.("거 뭐더라?" "그 사람 있잖아…")

도심 카페에서는 미세한 사회적 냉대도 당한다. 젊은이들이 노인과 가까운 자리를 기피하고 때로는 먼 자리로 옮겨가는 걸 볼 때 혹시 우리에게서 냄새라도 나나 싶다가도 피해의식일지 모른다는 생각까지 겹치면 여지없이 자신감을 잃는다. 그렇게 많은 것을 상실하는 게 노화인데 늙을수록 행복하다니, 노화의 역설은 순전히 헛소리일 것만 같다.

그런데 실제로 그런 걸 어떡하겠나. 사실이 그러니까 과학자들도 어쩔 수 없이 인정한다. 그 많은 과학자 중에서도 노화의 역설을 가장 선명하고 설득력 있게 입증한 연구자가 있으니 바로 미국 스탠포드 대학 심리학과 교수 로라 카스텐슨(Laura Carstensen)이다.

로라 카스텐슨이 노년의 행복에 관한 한 최고의 이론가가 된 것은 그의 기발한 연구 덕분이다. 그는 약 10년 동안 같은 사람의 행복 수준 변화를 추적 측정하는 연구 작업을 치밀하게 해냈다.

그는 1993년에서 2005년 사이에 18살에서 94살까지의 미국인 180명가량을 연구 대상자로 선정해서 연구를 진행했다. 연구 대상자들에게는 별도로 무선 호출기를 제공했는데 호출기는 때때로 행복감 수준을 묻는 도구였다. 지금 행복하신가요?, 지금 슬픈가요?, 지금 좌절감을 느끼시나요? 처럼 묻고 1점에서 7점까지 점수를 매기도록 한 것이다.

오랜 연구 끝에 밝혀진 결과는 젊은 시절보다 나이가 든 후에 더 행복하다는 것이다. 즉 노화의 역설이 과학적 연구를 통해 입증된 것이다.

카스텐슨 교수는 월스트리트저널 2014년 11월 30일 자 인터뷰에서 이렇게 정리했다.

"젊음이 인생의 최고 시기라는 일반적 시각과는 달리 정서적 삶의 정점은 60대 후반은 되어야 나타난다."

그러니까 70살 가까이 되어야 정서적으로 행복의 정점을 맞이하게 된다는 것이다. 놀랍다. 팔팔한 몸으로 새로운 세상을 뛰어다니는 20~30대도 아니다. 명백하게 노년인 70살에 도달해야 행복의 정상에 오르게 된다. 70살이 최고정점이라면 70살 이후에는 조금 불행해진다는 의미다. 그렇다고 너무 걱정할 것은 없다. 정점에서 몇 발 내려오는 셈이니까 저점이나 나락인 것은 전혀 아니다.

그런데 노년이 되면 더 행복해지는 이유는 대체 뭘까. 로라 카스텐슨 교수가 한 강연에서 말하길 '삶의 시간을 관찰하는 능력' 때문이다.(2011년 12월 TED 강연 "노년층이 더 행복하다 Older people are happier") 인생의 시계를 보면서 인생 사이클 속의 자기 위치를 파악하는 인간의 능력이 노년의 역설을 일으킨다는 것이다.

젊은 시절과 노년의 시간 개념을 비교해서 생각해 보자. 카스텐슨 교수는 강연에서 이렇게 말했다.

"젊은 시절에는… 계속 준비하고 가능한 한 많은 정보를 흡수하고 위험을 감수하고 탐색한다. 좋아하지 않는 사람이라도 흥미롭기 때문에 함께 시간을 보낸다. 모르는 사람과 소개팅도 한다. 오늘 잘 안되어도 항상 내일이 있다."

젊은 시절에는 삶의 시곗바늘이 돌아가는 걸 신경 쓰지 않는다. 무한히 많은 시간이 남은 것처럼 느껴지니, 시간에 대한 신경은 끄고, 더 많은 걸 경험하고 탐색하고 위험까지 감수하고 싶어 한다. 젊은 사람에게 시간은 아무리 퍼내도 고갈되지 않는 보석 창고다. 그래서 소중히 여기지 않고 마구 쓴다. 그런데 나이가 들면 달라진다.

"내가 많은 시간을 가질 수 없다는 인식을 하게 되면 우선순위가 아주 명확해진다. 사소한 문제에는 신경을 덜 쓴다. 인생을 음미하게 된다. 더 고마워하고 화해하려고 마음을 연다. 또 정서적으로 중요한 문제에 에너지를 더 많이 투여한다. 그렇게 해서 삶이 개선되면 우리는 보다 행복해진다."

중년이 되고 노년이 되면 자신의 시간에 한계가 있다는 걸 절감하게 되고, 그때 우리는 변화한다는 설명이다. 무엇보다 중요하지 않은 문제를 잊게 된다. 대신 중요하고 의미 있는 문제에 집중하게 된다. 이를테면 내가 좋아하는 일, 내가 사랑하는 사람, 내가 꼭 이루고 싶은 작은 소원에 몰두하는 것이다.

젊은 시절 꿈꾼 사회적 인기를 얻긴 어렵지만, 가족이나 친구와 가까워지는 건 진심만 있다면 얼마든지 가능하다. 큰 재산을 모으는 것도 무척 힘들지만, 적은 돈으로라도 마음을 전하는 건 역시 가능하다. 그렇게 가능성이 높고 의미 있는 일들에 몰두하면, 뜻을 이루게 되고, 행복의 수준도 높아진다. 나이가 들면 행복해질 확률이 커지는 것이다. 이것이 바로 노화의 역설이다.

우리는 젊기 때문이 아니라 나이가 들었기 때문에 더 행복해지는 것이다. 늙는다는 건 축복이 아닐 수 없다.

카스텐슨 교수가 미국 라디오 방송 NPR과의 인터뷰에서 한 외로운 할머니와 나눈 대화에 관해 이야기했다.(참고한 2015년 6월 20일자 인터뷰는 웹사이트 www.npr.org에 공개되어 있으며, 문서 제목은 〈우리가 나이 들기를 고대해야 하는 이유? Why Should We Look Forward To Getting Older?〉이다.)

아파트에 자매와 함께 사는 할머니는 최근 가까운 사람들이 세상을 떠나서 마음이 괴롭고 외로웠다. 할머니는 카스텐슨 교수에게 이렇게 하소연했다.

"요 몇 년 사이 많은 친구가 세상을 떠났어요. 마음이 아프고 쓸쓸하네요."
"이 동네에는 할머니 또래 분들이 많잖아요. 새로운 친구를 사귀는 건 어떨까요?"
"....."
"그러면 기분도 좋아지고 외로움도 줄지 않겠어요?"
"그런데 나에게는 그럴 시간이 없어요."

카스텐슨 교수는 의아했다. 할머니는 하루 종일 시간이 충분하지 않은가. 친구를 얼마든지 사귈 수 있다. 그런데도 시간이 많지 않다고 말한 이유는 무엇일까. 치매 증상인가. 아니면 다른 사정이 있는 걸까. 의아할 수밖에 없다.

그런데 카스텐슨 교수가 집에서 곰곰히 생각해 보니 할머니가 말한 시간은 하루의 여유 시간이 아니었다. 하루하루 바쁘다는 뜻이 아니라 남은 날이 길지 않다는 의미였다. 시간이 길지 않으므로, 새로운 관계를 만들기보다는 기존 관계를 살피고 더 깊이 있게 가꿔야 한다는 게 할머니의 입장이다. 그래서 다른 사람을 사귀기 어렵다는 뜻이다.

나이 든 사람은 관계를 넓히는 게 아니라 깊이를 더하는 것이 목표이다. 이미 만들어놓은 관계, 이미 갖고 있는 기쁨, 우리 집에 있는 파랑새를 돌보는 것이 고연령층의 우선순위다. 그런 현실적이고 소박한 목표는 이루기 어렵지 않다. 행복해지기도 어렵지 않다. 그래서 행복의 역설 현상이 일어난다. 불행할 것만 같은 노인들은 소박하고 현실적이기 때문에 더 행복한 것이다.

노화 덕분에 얻게 되는 행복의 원천은 더 많다. 로라 카스텐슨 교수는 저서 『길고 멋진 미래 A Long Bright

Future』(박영스토리)에서 이런 것들을 예로 제시한다.

나이 들면 단순한 즐거움이 중요성을 갖는다. 경험을 통해 피곤한 대인 관계는 가치가 없다는 것을 알게 된다. 시간이 부족하다고 생각하는 사람은 용서를 흔쾌히 할 수 있다.

힘든 시간도 결국은 곧 흘러갈 거라는 건 안다. 대인 관계가 줄어들지만 외로움을 느끼지 않는다. 오히려 시간과 노력이 너무 많이 드는 직장동료나 우연한 만남을 솎아내고 친밀한 관계에 집중할 수 있어서 더 좋다.

결혼 생활의 행복도 깊어진다. 특히 아이들이 떠나면 빈둥지 증후군을 느낀다고 하지만 사실은 신혼 때의 만족감을 누리게 된다. 서로 사이좋지 않던 부부도 둘만 지낸 후에는 이전보다 친밀해지는 경우가 있다. 오래된 부부는 다툼이 적다. 서로의 차이를 알기 때문이고 서로 잘 맞춰 지내는 방법을 터득했기 때문이다.

나이가 들면 건강이 나빠지고 여기저기 아프다. 인간관계는 좁아지고 가족 관계에서도 주도권을 이양하고 한걸음 물러서야 한다. 그렇다고 해서 꼭 불행한 것은 아니다.

위에서 언급한 것처럼 행복할 이유는 아주 많다. 젊은 시절은 행복해 보이고 또 행복하다. 하지만 보이지 않을 뿐 불행의 사유도 적지 않다.

결정하고 선택해야 할 게 너무 많은 게 문제다. 대학, 직장, 연애 등등 결정해야 할 게 한두 가지가 아니다. 결정된 게 많지 않으니, 안정성이 부족하고 걱정이 많을 수밖에 없다. 좋은 직장을 가질 수 있을까, 내 연인은 좋은 사람일까, 내가 꿈을 이룰 수 있을까 등등 풀기 어려운 질문이 머릿속에 떠돈다. 그래서 맛있는 걸 먹으러 다니고, 음주가무를 즐기며, 여행을 떠나면서 그 고통을 달래는 것이다. 젊은이들의 에너지 넘치는 생활은 불안의 표현이라고도 할 수 있다.

늙어가는 사람이 불안정한 청춘보다 더 불행할까. 여러 의견이 있겠지만 나는 이렇게 생각하게 되었다. 늙어서 다행이다. 20대나 30대로 다시 돌아가지 않을 것이다. 너무 피곤했던 시절이었기 때문이다. 무척 고생해서 그 시절을 겨우 벗어났는데 다시 돌아가라니 군대 재입대 명령만큼 무서운 소리다.

물론 젊은 시절의 도전과 시행착오도 의미 있고 기쁜 경험이다. 하지만 똑같이 노년의 고요와 평정도 의미 있고 기쁘다. 그러고 보니 젊으나 늙으나 언제나 보람 있는 게 우리 인생이다. 이 단순한 삶의 진리를 노년이 되어서야 가슴에 새기게 된다.

80살부터 인생 최고의
무대가 열린다

70살짜리는 모른다. 햇병아리 60살은 더더욱 알 수 없다. 머지않아 인생의 가장 화려한 무대가 열린다는 걸 미처 알지 못한다.

80살 전후부터 인생은 의미가 충만한 최상의 인생 단계가 시작된다는 주장이 있다. 노인학의 개척자로 평가받는 미국 정신과의사 진 코헨(Gene Cohen)이 그렇게 설명했다.

진 코헨의 '앙코르 단계'라는 개념은 널리 알려져 있다. 80살 전후부터 90살, 100살 넘어까지 인생의 피날레를 앙코르 단계라고 불렀는데, 프랑스어 앙코르(encore)는 '계속' '아직' '다시'라는 뜻이므로, 앙코르 단계는 '계속되는 단계' 또는 '다시 시작하는 단계'가 된다.

마치 한 콘서트의 앙코르 무대를 생각해 보면 된다. 가수가 1시간 넘게 공연을 한 후에 인사하고 무대 뒤로 사라진다. 이때 팬들은 "앙코르 앙코르…"를 외친다.

못 이기는 척 무대로 불려 나온 가수가 시시한 노래를 맥없이 부르고 끝맺는 법은 없다. 새로운 시작인 듯 가장 멋있는 무대를 만들기 위해 있는 힘을 다한다. 인생의 앙코르 무대도 그렇다. 새롭게 인생이 시작된 듯이 열정적으로 최선의 삶을 사는 단계이다. 80살이면 지혜가 쌓여서 인생을 사랑하는 방법을 터득한 후다. 시간이 얼마나 아까운지도 충분히 깨달을 연륜이다. 그만큼 인생에 대한 사랑이 응축되어 앙코르 단계를 특징짓는다.

앙코르 단계는 자기 인생을 기뻐하는 단계이기도 하다. 역시 공연에 비유해 보면 이해가 쉽다. 가수의 마지막 노래는 행복한 마음을 표현한다. 관객과 무대에 감사하고 기뻐하는 마음이 앙코르 노래에 담긴다. 인생의 앙코르 무대도 비슷하다. 삶에 느끼는 감사와 기쁨을 적극적으로 표현하는 노인들을 적잖게 봤을 것이다. 멍석을 깔아주면 노인들은 얼마나 행복했는지 자랑스러운 일은 또 얼마나 많았는지 술술 이야기한다. 삶의 앙코르 단계는 기쁨과 행복으로 가득 채울 수 있다.

그런데 앙코르 단계에서 과거를 돌아보기만 하는 건

아니다. 새로운 취미 기술을 배우고, 새로운 공부를 하고, 가지 않은 곳으로 여행을 떠나는 것도 앙코르 단계를 맞은 노인들의 선택지이다. 가수가 본공연 때 부르지 않은 노래를 앙코르 때 선택할 수 있는 것과 같다.

앙코르 단계를 개념화한 진 코헨은 본보기로 한 자매를 꼽는다. 새디 델러니와 베시 델러니 자매는 각각 105살과 103살 때 함께 자서전을 써서 큰 인기를 누렸다. 자서전 『우리 생각을 말할게요 Having Our Say』는 1993년 출간되어 뉴욕타임스 베스트셀러에 105주 동안이나 올랐었다.

100살 넘은 사람들이 그런 놀라운 일을 하리라 생각한 사람은 많지 않다. 그 정도 나이면 아무것도 하지 않고 가만히 앉아 있을 나이라고 흔히 생각한다. 하지만 델러니 자매는 젊은이들도 이룰 수 없는 업적을 100살이 넘어서 남겼다. 인생의 쇼는 막을 내리지 않는다. 인생은 영원히 앙코르 무대인 것이다.

나이 들수록
건강해질 수도 있다

늙는다고 건강이 구석구석 빠짐없이 악화되는 것은 아니다. 힘 빠지고 면역력이 약해지고 여기저기 기능이 떨어지더라도, 노화 때문에 좋아지는 건강 항목도 있다.

한국의 사례 연구는 말미에 이야기하기로 하고, 먼저 영국 BBC 온라인에 실린 기사를 중심으로 정리해 보면 이렇다.(2015년 발행된 기사 제목은 "나이 듦의 이점 The benefits of getting older"이다.)

감기에 적게 걸린다

: 나이 들면 면역력이 전반적으로 약해지지만 감기에 대한 면역 기억이 좋아져서, 이전에 경험한 항원을 빨리 인식하고 적절히 대응할 수 있다. 덕분에 20대에는 일 년에 평균 2~3번 감기에 걸리지만 50 대 이상에서는 연 1~2 회로 줄어든다. 겨우 1회냐고?

아니다. 1회 감기에 걸린다는 건 일 년에 열흘 정도를
고통스럽게 보낸다는 뜻이다. 아까운 손실이다.

알레르기가 줄어든다

: 알레르기 환자에게는 노화가 축복이다. 알레르기
질환은 어린이 때 정점이었다가 청소년기 말과
20대까지 점차 줄어든다. 30대에 다시 한번 알레르기
질환 발생률이 상승하지만 50대와 60대가 되면
증상이 많이 줄어 든다.

두뇌가 더 좋아진다

: 미국 워싱턴 대학교의 심리학자가 시작한 《시애틀
종단 연구》는 6,000명을 대상으로 1956년부터
2000년대까지 노화의 인지 능력에 관한 장기
연구이다. 이 연구 결과는 중·노년층에게 희망적이다.
나이를 먹는다고 뇌가 퇴화하는 게 아니라 오히려 더
좋아질 수 있다는 것이다.
20대보다 40~50대는 수학과 명령 반응 속도에서는
우수하지 않았지만 어휘력, 공간 지각력, 인지 기억력,
문제 해결 능력은 더 좋았다. 이 책의 다른 곳에서도
이야기했듯이, 노화가 진행되어도 결정성 지능은

높아진다는 설명과 맥을 같이 한다.

편두통이 줄어든다
: 스웨덴에서 18살 이상 환자를 대상으로 조사한 결과 나이가 들수록 편두통은 짧아지고 덜 고통스럽고 빈도가 낮아졌다. 편두통으로 평생 고생한 사람에게는 희소식이 아닐 수 없다.

땀이 줄어든다
: 땀이 나면 번거롭다. 얼굴도 젖고 옷도 젖어서 성가시다. 그런데 나이 들면 다한(多汗)의 불편함이 줄어든다. 한 연구에 따르면 20대보다 50대와 60대가 땀을 덜 흘린다. 나이 들수록 뽀송뽀송한 사람이 될 수 있는 것이다.

위의 과학적 연구에서 행복한 결론을 끌어낼 수 있다. 노화가 상실의 과정인 것만은 아니다. 잃기도 하고 얻기도 한다. 건강 면에서도 같다. 우리는 쇠약해지면서도 강건해진다. 물론 상실이 획득보다 몇 배 큰 건 사실이다. 건강 호전은 폭우가 쏟아지는 하늘에서 보이는 빛 몇 줄기에 불과하다. 그래도 암흑 속에서도 빛줄기를 바라보며 기뻐하는 게 용기이고 지혜가 아닐까.

그런데 한국에서 훨씬 희망적인 증언이 나왔다. 노력 여하에 따라 50대에는 이전 40대나 30대보다 더 건강해진다고 하는데, 아래는 김혼비 작가의 에세이 『다정소감』(안온북스)에 나오는 실화이다.

여성 축구단에서 뛰는 40대 여성이 있다. 어느 날 훈련을 갔다가 놀라운 장면을 본다. 50대에 가까운 언니 셋이 철봉에 거꾸로 매달려 있었다. 도대체 뭘 하는 걸까. 언니들은 복근 운동 중이었다. 머리를 들어 무릎 가까이 가져가는 동작을 60회나 반복하는 게 아닌가. 40대 여성의 눈이 동그래졌다.
놀란 표정의 40대 여성에게 어느 언니가 뭘 그 정도 갖고 놀라냐는 투로 말했다. "너도 내 나이 돼 봐."

보통 맥락에서는 내 나이가 되면 힘 빠지고 괴롭다는 뜻인데, 여기서는 정반대다. 내 나이가 되면 너도 철봉에 박쥐처럼 매달릴 만큼 튼튼해진다는 의미이다.

50대가 되면 더 튼튼해진다고? 이건 이상한 말이 아닌가. 그런데 실제로 그랬다.

위 이야기를 전한 40대 여성 작가가 자신을 돌아보니

정말 사실이었다. 30대 초반에는 몸이 많이 아팠고 체력도 형편없었는데, 축구를 시작한 30대 중반에는 건강이 좋아졌고, 40대인 현재는 더욱 좋아졌다. 그렇다면 50대에는 어떨까. 체력과 건강이 일취월장할 가능성이 높다. 언니들 말이 맞다. 나이 들수록 튼튼해질 수 있는 것이다.

축구장 말고 천변이나 산길에서 관찰해도 알 수 있다. 빠른 속도로 이동하는 사람 중에는 50대 60대가 수두룩하고 그 이상 연령대도 적지 않다.

하기 나름이다. 나이가 많아져서 오히려 건강해지는 사람들이 대거 산과 들을 뛰어다니고 있다. 감기에 적게 걸리고 편두통과 알레르기가 약화되는 건 약과다. 운동과 영양과 의학, 그리고 한국인 특유의 투지가 기적을 만들어 놓았다. 나이를 거꾸로 먹을 수 있게 된 것이다.

건강을 세월이 결정하지 않는다. 아니 늙기 때문에 더 건강해질 수 있다. 몸이 여기저기 쑤시기 시작하면, 이제 건강해지기 좋은 나이가 되었다는 뜻이다.

그러면 나이를 이겨서 더욱 건강해지려면 생활에서 뭘 해야 할까. 여성 축구 단원들처럼 운동하는 게 가장 중요한 것 같다. 미국 보스턴 재향군인 건강관리 시스템(VA

Boston Healthcare System)의 연구자들이 수명을 최대 24년 늘려주는 생활 습관을 선정 발표했고 그것을 CNN이 보도한 적이 있다.(2023년 7월 23일 자 기사 "최대 24년 수명을 늘려주는 8가지 습관 These 8 habits could add up to 24 years to your life, study says"를 참고했다.)

연구팀의 예측은 무척 솔깃하다. 아래의 8가지 습관을 40살에 갖게 되면 수명이 최대 24년 늘어난다. 50살이라면 21년, 60살이라면 18년 동안 더 건강하게 살 수 있다고 한다.

운동이 가장 중요한 건강 비결이다. 운동하면 운동하지 않은 사람에 비해 건강한 것을 물론이고 사망 확률이 무려 46% 낮아진다. 소파에 앉아 지내는 여성보다 여성 축구 단원이 훨씬 건강하고 오래 산다고 봐야 한다.

마약 중독을 피하면 사망 확률이 38% 줄고, 금연은 29%, 스트레스 관리는 22%, 건강한 식단은 21%, 과음 회피는 19%, 적절한 수면은 18% 비율로 사망 확률을 낮춘다. 또 긍정적인 관계에 둘러싸여 있어도 건강해져서 사망 확률이 5% 줄어든다.

건강한 생활 습관 중에서도 운동이 가장 중요하다는 것은 기억해야 할 것 같다. 축구, 자전거 라이딩, 수영, 걷기

등 열심히 하면 나이를 역전해서 이전보다 더 건강하게 지낼 수 있을 것이다.

나의 경우를 보자면, 우선 그 무섭다는 마약은 하지 않는다. 담배도 끊은 지 오래전이다. 그런데 예전보다 확연히 줄기는 했어도 천성이 예민한 편이라 스트레스가 많고 그 핑계로 술을 빈번하게 마신다. 그나마 일찍 죽는 게 싫고 기분 전환에도 좋으니 운동은 제법 열심이다. 실내 자전거를 타면서 이틀에 한 번은 땀을 뻘뻘 흘린다. 나도 병약하게 지내다 일찍 죽는 것이 싫다. 스트레스와 알코올 섭취도 줄여보려 한다.

그런 노력은 분명히 보람이 있을 것 같다. 낙관적 예감이 찾아온다. 잘만 하면 내가 중년보다 더 건강한 노년을 맞을 것 같은 행복한 예감이 띄엄띄엄 느껴진다.

관능적인 삶을
살게 될지도 모른다

아래는 로마의 철학자 키케로가 쓴 『어떻게 나이 들 것인가?』(아날로그)의 영문판에서 번역한 글귀다.

"그것이(노화와 함께 육체적 쾌락이 사라진다는 것) 사실이라면, 나이가 젊음의 가장 파괴적인 결함으로부터 우리를 해방시켜주는 나이의 영광스러운 선물이라고 나는 말하겠다."

같은 책에는 고대 그리스 희곡작가 소포클레스의 환호성도 소개되어 있다. 성욕을 잃은 소포클레스는 이렇게 말했다.

"나는 잔인하고 야만적인 주인에게서 기쁘게 벗어났다."

성적 욕구가 젊음의 가장 파괴적인 결함인지는 몰라도, 아무튼 성적 욕망의 소멸이 오히려 이롭다는 설명은 그럴듯하다. 고뇌나 불안정이 줄어들어서 훨씬 평화롭고 잔잔한 삶이 열릴 것 같다.

그런데 잔잔한 삶이 아니라 격정적 삶을 원한다면, 그 또한 그것대로 가능하다고 증언하는 사람들도 적지 않다.

영국 BBC의 기사가 두 가지의 연구 결과를 소개했다. (BBC 온라인에서 소개한 2015년 10월 30일 자 기사 "나이 듦의 이점 The benefits of getting older"을 참고했다.)

미국의 캘리포니아주 의사 3명이 80대 여성들을 대상으로 조사했는데, 절반가량이 성행위 때마다 또는 거의 매번 절정을 느낀다고 답했다.

또 미국 고령화위원회(NCOA)가 60대 이상의 남녀를 대상으로 진행한 연구도 있는데 답은 의외였다. 남자의 74%와 여성의 70%가 40대 때보다 성적으로 훨씬 만족스럽다고 답한 것이다.

물론 문화가 다른 서양 사람들 이야기지만 우리에게 교훈적일 수 있다.

첫 번째, 원치 않으면 성적 열망을 꺼트리고 잔잔한 호수같이 살 수 있다. 두 번째, 잔잔한 호수가 되는 게 불가피한 것은 아니다. 원하면 얼마든지 흥겹고 관능적인 노후를 보낼 수 있는 것이다.

관능적 삶의 조건으로 몇 가지 거론되는 것이 있다. 첫 번째로 긍정적인 자기 이미지가 필요하다. 자신의 몸을 긍정해야 한다. 젊은 몸만 부러워하면 나이 든 사람은 육체적 즐거움을 누리기 어렵다. 또 자신의 내적 아름다움을 발견하는 눈이 필요하다. 활력, 친절, 유머 감각이 예가 된다. 두 번째로 감정적 친밀성의 중요성을 깨우쳐야 한다. 반려자와 마음이 가까워져야 몸도 나눌 수 있을 테니까 그렇다.

많은 노인이 나이 든 덕분에 자기 몸에 대한 사랑이 커진다고 경험적으로 말한다. 뱃살이 나오고 근육이 빠져도 우리 육신은 여전히 사랑스럽다. 몸 덕분에 내가 삶의 기쁨을 누리지 않았던가. 나의 몸은 나에게 큰 선물을 다하고 이제 힘 빠지고 지쳤을 뿐이다. 고맙다. 젊은 몸을 갖고 있던 젊은 시절에는 몰랐던 감사이다.

기억력 쇠퇴가
당연한 것은 아니다

40대나 50대가 되면 가장 먼저 기억력이 나빠지는 걸 실감한다. 확고한 기억마저도 지워진다. 이를테면 내가 좋아했던 가수 이름, 영화 제목, 첫사랑 이름 등이 가물가물하다. 나는 내가 쓴 책의 제목이나 가족 전화번호나 인터넷 비밀번호를 잊어서 당황한 적도 있다. 기억 망각도 문제지만 기억 생성이 어려운 것도 큰 골칫거리다. 암기 시도를 여러 번 반복해도 개념이 뇌리에 새겨지지 않는다. 뇌 표면이 정말 돌처럼 딱딱해진 것 같다.

그런데 나만 그런 게 아니다. 동료나 친구들도 다 비슷한 처지라고 말한다. 게다가 영화나 드라마를 봐도 나이 든 사람의 기억력 손실은 당연시되고, 더러 전문가들도 기억력 소실은 불가피한 노화 현상이라고 말하는 걸 매체에서 본다.

나이 들면 기억력 퇴화가 당연하다는 일반적 상식이

진실에 부합할까. 만일 그렇다면 나는 큰 일이다. 기억력이 멀쩡해야 글 쓰고 먹고 살 수 있는 나로서는 불안했다. 불안한 마음에 정보를 찾다가 반가운 과학자들을 만났다. 그들은 기억력 걱정을 너무 하지 않아도 괜찮다고 중·노년층을 안심시킨다.

기억력의 자연 퇴화론을 가장 단호하게 반박하는 사람은 미국 노스캐롤라이나 대학교 의과대학 교수 마크 윌리엄스(Mark E. Williams)이다. 그는 『늙어감의 기술』(현암사)에서 단언한다.

"기억력은 나이가 들면 당연히 퇴화하는 것일까?
절대로 그렇지 않다!"

나이가 들면 기억력이 퇴화하기 쉽다. 하지만 불가피한 것은 아니다. 나이 이외의 더 중요한 변수들이 기억력 등 지적 능력에 영향을 끼친다.

"지력과 기억력의 질은 전체적인 건강, 명확한 의도,
정신을 연마하는 데 쏟는 관심의 수준에 크게
좌우된다고 할 수 있다."

건강, 의도, 연마를 말했는데 그 중 의도(intention)는 무엇일까. 기억하려는 의지를 뜻한다. 마크 윌리엄스는 전설적인 체스 챔피언 조지 콜라높스키 이야기를 했다.

그는 눈을 가린 채 34명의 체스 기사와 대국을 펼쳐 24승 10무의 기적적인 기록을 세운 천재이지만 아내 눈에는 한심한 남편이었다. 빵을 사 오라고 시장에 보내도 그 간단한 걸 잊어버릴 정도로 기억력이 엉망인 남편이었을 뿐이다. 의도, 즉 기억하고 말겠다는 의지를 가져야 기억할 수 있다.

마크 윌리엄스에 따르면 나이가 들수록 기억 의도가 점점 약해진다. 학교를 졸업한 후에 적극적으로 기억하려고 노력하지 않는다. 직장에서는 단순한 규칙을 기억하고 따르도록 명령한다. 굳이 새로운 것을 암기할 의지도 약하다. 그렇게 기억 의도가 약화되니 자연히 기억력이 감퇴한다. 근력 운동을 하지 않아서 팔다리가 가늘어지는 것과 같다. 기억력에 관한 한 나이 탓 말고 의지 탓을 해야 타당하다.

그런데 고연령자의 기억력이 약하다는 테스트 결과도 있다. 그건 어떻게 설명해야 할까. 물론 젊은이보다 고연령자의 기억력이 낮을 수 있다. 그런데 테스트가 불공정하기 때문에 연령대의 기억력 차이가 과장된다는 주장이 눈길을 끈다.

미국의 신경과학자 대니얼 J. 레비틴(Daniel J. Levitin)은 저서 『석세스 에이징』(와이즈베리)에서 기억력 테스트가 고연령자에 불리하다고 설명했다.

특히 기억력 테스트의 장소가 문제다. 보통 대학에서 이뤄지는데, 고연령자들에게 무척 낯선 곳이다. 찾아가는 길과 건물이나 엘리베이터 위치도 모른다. 그러니까 고연령자들은 낯선 장소에서 스트레스를 많이 받은 후에 테스트를 치르게 된다.

반면 함께 테스트를 받는 젊은이들은 그 대학 학생일 가능성이 높다. 환경이 익숙하니까 스트레스가 적다. 또 고연령자들은 자기 기억력의 문제점을 찾아내려는 과학자들과 난생처음 만나 인사 나눈다. 역시 스트레스의 원인이 된다.

이렇게 고연령자는 불리한 조건의 기억력 테스트에 임하기 때문에, 능력을 최대한 발휘하기 힘들다. 기억력이 낮게 나와도 이상할 게 하나 없다.

기억력 등 지적 능력의 노화 문제에 대해 적절한 비유로 설명하는 과학자가 있다. 미국의 신경외과 의사이자 유명 작가인 산제이 굽타이다. 그의 저서 『킵 샤프 - 늙지 않는 뇌』(Keep Sharp, 니들북) 영문판 중 일부를 옮기면 이렇다.

"이 책을 읽으면서 항상 기억하라. 지적인 쇠퇴는 불가피하지 않다. 비유하면 아직도 서 있는 역사적 건물을 생각해 보면 된다."

수백 년 된 건축물도 관리만 잘하면 무너지지 않고 서 있을 수 있다. 우리의 지적 능력도 그렇다. 소중히 여기고 보존하겠다는 의지로 관리하면 무너지지 않고 오히려 고색창연할 수 있다. 가만히 두면 당연히 쓰러질 수밖에 없지만, 보살피기만 하면 왕성한 정신을 유지하는 게 충분히 가능하다.

여기서 중년 노년의 사람들이 기억할 개념이 있다. 바로 '성장 마인드 셋(성장 마음가짐)'이다. 노력하면 성장하고 발전할 수 있다는 마음가짐을 의미한다. 자연히 기억력을 비롯한 지적 능력을 잃는 게 당연하다고 믿는 것은 위험하다. 성장을 포기하는 비관주의는 비관적인 결과로 이어진다. "기억력 나쁜 건 늙어서 그래. 어쩔 수 없어."라고 자포자기하면 정말 그렇게 된다. 반대로 성장에 대한 믿음이 강하면 실제로 성장하고 나아질 수 있다. 낙관적인 성장 마인드 셋을 가진 고연령자만이 빛나는 정신 능력을 갖추게 된다고 과학자들은 강조한다.

그러면 성장 마인드 셋을 품고 어떤 노력을 하면 도움이 클까. 나 자신이 절박한 마음으로 열심히 찾아본 해외 과학자들의 조언을 몇 가지 살펴보자.

많이 알듯이 운동은 아주 유익하다. 특히 조금 어려운 운동을 새롭게 배우고 시도하는 게 효과적이다. 독일의 뇌과학자 닐스 비르바우머와 외르크 치틀라우가 『뇌는 탄력적이다』(메디치미디어)에서 한 연구 결과를 소개했다.

50살에서 67살 되는 사람들을 모아서 석 달 동안 저글링 훈련을 받게 했다. 공이나 곤봉 등을 높이 던졌다가 손으로 받는 저글링은 보통 사람에게 낯설고 힘들다.

그만큼 훈련의 결과는 놀라웠다. 운동과 공간 지각을 담당하는 뇌 부위의 크기가 커졌다. 게다가 학습과 기억의 핵심 부위인 해마의 크기까지 커진 것으로 확인되었다.

그것은 "사람들의 뇌가 새로운 활동을 했기 때문이다. 새로운 활동은 이전에는 완전히 또는 거의 완전히 없었던 새로운 신경 경로가 만든다."

새로운 운동을 시도하고 익힐수록 몸의 일부인 뇌도 건강해진다. 또 특이한 상상을 시도해도 기억에 도움이 된다고 닐스 비르바우머 등은 말한다. 예를 들어서 '비행기'와 '기린'이라는 단어를 기억하려면, 비행기 위에 앉아 있는 기린을 시각화하는 게 좋은 방법이라는 것이다.

TV를 보면서 뇌를 훈련하는 것도 가능하다. 미국의 의사 에릭 R. 브레이버만(Eric R. Braverman) 박사는 뉴스를 듣고 요약해 보라고 권한다.(국내 미출간된 것으로 보이는 『더 젊은 뇌, 더 명료한 정신 Younger Brain, Sharper Mind』 10장의 내용이다.)

2분 정도 뉴스를 들은 후에 어떤 내용이 기억나는지 써본다. 말을 해도 될 것이다. 마음속으로 떠올려도 효과는 비슷하겠다. 언어 기억력을 높이는 데는 뉴스를 활용하면 된다. 갈수록 뉴스 듣기 시간을 늘리면서 내용 요약 및 상기 연습을 해본다.

응용할 수도 있다. 드라마를 요약해 보는 것이다. 줄거리, 주된 인물, 복선, 중요한 대사 등을 머릿속에서 정리하고 입으로 말하는 연습을 해본다. 거실 소파에 앉아 뇌의 건강을 복원시킬 수 있다.

미국의 작가 존 뷰캐넌(John E. Buchanan)은 『기억력 Memory』에서 집중력 높이는 방법 두 가지를 소개한다. 이 두 가지 노력으로 집중력이 높아지면 지적 능력의 회복 및 향상을 기대할 수 있다.

첫 번째는 우선순위 정하기다. 한 이슈에 대한 집중력을 강화하는 가장 좋은 방법은 우선순위를 정해서 이슈의 위상을 높이는 것이다. 당신의 정신에게 말하라. 당면한 문제가 가장 중요하기 때문에 집중력 전부를 쏟을 가치가 있다고 독백한다. "이것은 아주 중요하다."고 자신에게 말한다. 대화하고 있다면 "그 무엇도 지금 이 사람의 말보다 중요한 것은 없다."라고 속으로 되뇐다. 집중력이 향상되고 기억력이 자극을 받을 수밖에 없다.

집중력 향상을 위해 필요한 두 번째 조건은 마음의 평화다. 어지러운 마음 상태는 집중력과 사고력을 손상시킨다. 오직 고요한 마음만이 이성적이고 논리적인 결정을 내릴 수 있다. 예를 들어서 "지금부터 내 마음을 잔잔한 호수로 만들겠다."고 결심하면, 마음의 평화가 깃들 수 있다.

독서는 지적 능력을 높이는 좋은 방법이다. 미국의 읽기 교육 전문가 캐슬린 맥호터(Kathleen T. McWhorter)는 『Academic Reading, 대학 글 읽기』에서 '예측'의 중요성을 강조한다. 저자가 이번 장이나 절에서 어떤 이야기를 할지 예측하면서 책을 읽어야 한다는 것이다. 또 한 문장을 읽을 때도 마찬가지로 예측 훈련이 가능하다. 예를 살펴보자.

자기 꿈의 아름다움을 믿는 사람이 (　　　　　) 할 수 있다.

수동적으로 읽지 않고 능동적으로 예측하면서 읽어보자. "자기 꿈의 아름다움을 믿는 사람이" 그다음에 어떤 말이 올까. 질문하고 예측해 보자. 훨씬 기억에 남는 독서가 될 수 있다. 한 가지 답은 "자기 꿈의 아름다움을 믿는 사람이 미래를 소유할 수 있다."이다.

속독이 지적 능력을 높인다고 주장하는 학습 전문가도 있다. 영국 작가이자 교육 컨설턴트였던 토니 부잔(Tony Buzan)은 빠른 읽기를 이렇게 옹호했다.(토니 부잔의 『당신의 머리를 활용하라 Use Your Head』에 나오는 글귀이다.)

"빠르게 읽는 사람이 의미를 더 많이 이해하고 더욱 집중한다. 또 특별히 관심이 있거나 중요한 부분으로 돌아갈 시간을 더 많이 갖는다."

실행해 보면 알 수 있다. 빠르게 읽으면 문장 전체가 쏙 머리에 들어온다. 단락의 내부 구조가 보이고 단락과 단락의 관계도 알 수 있다. 그리고 집중도가 높아진다. 빨리 가야 해서 다른 것을 돌아볼 여유가 없으니 골몰할 수밖에 없다. 소리 내면서 읽으면 읽는 속도가 높아진다.

그리고 시간제한을 두고 읽기 연습을 한다. 가령 5분 타이머를 맞추고 책이나 신문 칼럼을 읽는 것이다. 더 집중하게 빠르게 읽을 것이고, 기억력과 사고력 등 지적 능력도 따라서 향상될 수 있다.

따로 애써 노력하지 않고 편안하게 지적 능력을 높이는 방안도 있다. 핵심은 호기심 갖기이다. 호기심을 품으면, 뇌가 건강해진다. 호기심, 즉 새로운 것을 알고 싶은 뜨거운 열정과 마음이 뇌 기능을 극적으로 향상시킨다는 것이다. 미국의 심리학자 토드 카시단(Todd Kashdan) 교수(조지 메이슨 대학교 심리학과)의 권고가 인상 깊다.(국내 미출간 서적 『호기심? - 충만한 인생의 잃어버린 요소를 찾아라 Curious? Discover the Missing Ingredient to a Fulfilling Life』의 내용이다.)

* 걸을 때는 내가 평소에 보지 않았던 것에 시선을

둔다. 호기심이 생길 것이다.

* 집 근처를 산책하며 내 몸의 움직임에 주의력을 모은다. 또 모든 소리와 보이는 것과 냄새에도 집중해 본다.

* 대화할 때는 범주화, 판단, 빠른 반응을 하지 않고 열린 자세를 취한다. 새로운 것이 눈에 들어올 것이다.

* 어떤 선입견도 품지 않는다. 새로움은 세상 어디에나 있다는 생각만 할 뿐이다.

간추리면 매일 호기심을 갖고 산책하고, 대화하라는 조언인데, 이런 설명도 눈길을 끈다.

"이런 연습을 지속하면 신경 가소성의 혜택을 얻게 된다."

가소성은 변화하는 성격이다. 신경 가소성은 신경 세포가 가득한 뇌의 변화 가능성을 말한다. 호기심 산책과 대화가 뇌를 변화시킨다. 더 건강하고 왕성한 뇌를 갖게 될 것이다.

당연하게도 이런 개별 기법보다 더 중요한 것은 앞서 말한 성장 마인드 셋이다. 지적 능력을 회복하거나 향상시키는 게 가능하다는 낙관적 마음가짐이 밑바탕이 되어야 한다.

반대로 나이 들면 기억력을 퇴화하고 전반적 사고 능력도 저하되는 게 불가피하다는 비관은, 근거가 부족할 뿐 아니라 무척 큰 해악이다.

물론 뇌라고 해서 나이가 들지 않을 리는 없다. 그런데 앞서 말한 산자이 굽타의 비유처럼 지적 능력은 "역사적 건축물"과 비슷하다. 수백수천 년이 지나도 아름답고 튼튼한 고건축물처럼, 소중히 보살피는 한 우리 정신도 아름다움과 기능을 유지할 수 있을 것이다.

늙어서 혼자 산다고 꼭
외롭거나 불행한 것은 아니다

　수도권에 사는 나는 50대 중반이고 남쪽 도시에 사는 부모님은 80대 중반이다. 일 년에 몇 번 찾아뵙지 못한다.

　매형이 자주 조언한다. 틈날 때마다 찾아뵈라고, 그래야 부모님이 외롭지 않다고 말한다. 그리고 자신은 돌아가신 부모님을 생각하면 자주 후회의 눈물이 난다며 살아 계실 때 자주 봬야 후회가 적다고 힘주어 말하곤 한다.

　친구 하나는 나와 달리 부모님을 무척 자주 찾는다. 그는 내게 자신의 슬픈 마음을 자주 고백했다. 고향에 늙으신 부모님이 사시는데, 외동인 자신이 자주 찾아뵙지 못해서 무척 외로우신 것 같다고…

　한번은 고향에 가서 저녁도 사드리고 이야기도 나눴는데, 돌아오면서 눈물이 났다고도 했다. 앞으로 몇 번이나 함께 식사하게 될지 모르겠다면서 한숨 쉬는 그는 마음이 착한 효자다. 결국 그는 효자답게 결심했다. 일 년 전부터 일주일에 한 번은 찾아뵙기로 마음 먹었고 급한 일이 없는 한 실천하고 있다. 나와는 정반대이다.

나는 처음에는 친구가 대단하다 싶고 반성도 했는데, 곧 의문이 들었다. 나이 들면 부모님은 외로울까. 하루하루를 불행하게 견디는 게 노년의 삶일까. 그렇다면 나도 머지않아 외롭고 불행한 노인이 될 수 있다는 이야기다.

아무래도 틀린 것 같다. 내 짐작으로는 외로움과 불행은 노인의 운명이 아니다.

당연히 외롭고 불행한 부모도 있다. 하지만 노년이 행복의 싹을 틔울 수도 있다. 고연령 부모는 무엇보다 홀가분해서 좋을 거다. 양육 부담이 없으니 그렇다. 또 자녀의 삶에 개입할 수 없는 건 한편 아쉽지만 다른 한편 홀가분해서 좋다.

노부부는 서로의 사랑을 되살릴 수도 있다. 그동안 자녀를 키우느라 서로 소원했는데, 모두 떠나고 나니 부부끼리 서로 각별하고 사랑스러울 수 있다. 아울러 나이 든 부모는 마음의 평화를 찾았을지도 모른다. 간섭이나 소란에 마음이 흔들릴 일이 줄어서, 평화로운 시간을 길게 누릴 가능성도 충분하다.

그런 가능성을 염두에 둔다면 부모가 꼭 외로울 거라는

확신을 고집하기는 어렵다. 큰 병이 없고 경제적으로 힘들지 않으며 친구나 이웃과 사회적 관계를 유지한다면 그분들은 행복할 수 있다. 어쩌면 자녀들보다 훨씬 말이다.

그리고 이런 생각도 든다. 자식이 매주 찾아가면 부모님이 귀찮아하시지 않을까. 그럴 리가 없다고? 군대 간 아들이 휴가를 자주 나오는데도 귀찮지 않은 부모는 거의 없는 걸로 안다. 나 같으면 손주와 자녀가 매주 문턱이 닳도록 찾아온다면 대접하고 먹이고 놀아줄 생각에 주중 내내 피곤할 것 같다. 너무너무 뵙고 싶어도 적절한 빈도로 찾아봬야 더 현명한 효자일 지도 모른다.

자녀가 부모에 대해 염려한다면 기특하다. 감사한 마음을 갖는다면 더욱 훌륭하다. 그런데 가여워하는 건 문제다. 감사는 좋지만 연민은 무례하다. 역지사지해 보면 쉽게 알 수 있다. 자녀가 나를 연민한다면 내 기분이 좋기만 할까. 오해받는 기분이 들고 독립적인 존재로서 자존감에 상처를 입을 수도 있다. 대부분의 부모님도 연민이 아니라 감사를 원할 것이 분명하다.

자주 찾아뵙지 말자는 말이 아니다. 내가 가지 않으면 부모님이 하루 종일 외로울 거라는 믿음이 환상일지도 모른다는 뜻이다.

이번에는 한발 더 나아가서 논의를 해보자. 만일 부모님 한 분이 돌아가시면 어떨까. 독거노인은 아주 불행할까. 당연히 외롭고 쓸쓸하고 슬플 거라고 사람들은 생각한다. 그런데 아니라는 주장도 있다. 혼자 사는 노인이 오히려 행복할 수도 있단다. 이와 관련해 정서나 문화가 비슷한 일본의 사례를 보자.

『집에서 혼자 죽기를 권하다』(동양북스)라는 책이 있다. 저자인 우에노 치즈코 씨는 사회학자로 도쿄대에서 학생을 가르쳤으며 노후와 죽음의 문제에 관심이 많은 유명 작가이기도 하다. 그가 이비인후과 의사 쓰지가와 사토기의 연구를 빌어서 획기적인 결론을 냈다.

"노후에는 혼자가 가장 행복하다."

쓰지가와 사토기는 60살 이상 중산층 환자 460명을 대상으로 설문 조사를 하고는 다음과 같이 다섯 가지 사실이 밝혀졌다고 주장했다. 먼저 생활 만족도에 대한 세 가지다.

· 혼자 사는 고령자가 가족과 동거하는 고령자보다 생활 만족도가 높다.

· 혼자 사는 고령자들은 자녀가 있거나 없거나 만족도가 비슷했다.
· 혼자 사는 고령자는 자녀가 가까이 살면 만족도가 떨어졌다.

자식이 있어야만 행복하다는 통념은 허구라는 뜻이 된다. 또 자녀가 가까이 살아서 자주 인사해야 부모가 행복할 거라는 믿음도 맞지 않다. 노인의 외로움에 대한 통념도 뒤집힌다. 홀로 사는 노인이 가장 외로울 것 같은데, 쓰지가와 사토기의 연구는 그게 아님을 밝혀냈다.

가장 외로운 사람은 독거 고령자가 아니라, 마음에 안 맞는 가족과 사는 동거 고령자이다. 노령자의 자살률은 동거 고령자가 더 높다.

혼자 산다고 외로운 것이 아니다. 마음에 맞지 않는 가족들과 섞여 사는 게 더욱 괴롭고 외로운 일이다.

이기적인 손주나 자식들과 사는 고령 부모를 상상해 보면 쉽게 이해할 수 있다. 심성이 착해도 별 관심 없는 자식 식구들과 살아도 괴롭고 외로울 것이다. 그렇게 보면 경제적 육체적 능력이 허락하는 한 혼자 사는 게 훨씬 낫다.

무엇보다 맨 마지막 사실이 정신을 번쩍 들게 한다. 혼자 사는 노인의 자살률이 낮다. 자식과 함께 살면 경우에 따라서 더욱 고통이 클 수 있다는 의미다.

결론은 자녀와 함께 살지 않고, 혼자 사는 노인도 충분히 행복할 수 있다는 것이다. 혼자 산다고 외롭거나 불행하지 않다. 독거는 오히려 행복의 더 좋은 조건일 수 있다.

물론 이런 주장의 기반이 된 연구의 신뢰도를 의심하는 것도 가능하다. 설문 조항의 과학성을 확인해야 할 테고, 또 460명 표본의 크기나 대표성의 문제도 생각해 봐야 한다. 하지만 중요한 통찰을 주는 건 사실이다. 독거노인은 반드시 불행하다는 통념을 맹신해서는 곤란하다. 자녀와의 동거가 오히려 불행의 원인이 될 가능성도 고려해야 하겠다.

나는 위의 연구에 대해 읽고 안도했다. 부모님 문제가 아니라 나의 문제에 대한 걱정이 줄었기 때문이다. 결국 나는 늙어 혼자가 될 가능성이 크다.(물론 내가 먼저 죽어서 아내를 혼자 되게 만들 수도 있지만) 혼자 될 것을 생각하면 두렵다. 독기 생활이 외롭고 무서울 것 같다. 하지만 혼자 산다고 반드시 외로운 것은 아니다. 마음에 안 맞는 가족과 동거하는 것보다 독거가 홀가분하고 행복할 수도 있기 때문이다.

혼자 살 준비를 한다면 불행 확률은 더욱 줄어든다. 그러므로 혼자서도 행복한 사람이 되는 준비가 필요하다. 무엇보다 마음을 차분하고 안정되게 수양해야 할 것이다. 지혜도 많으면 좋겠다. 또 취미나 경제적 자립 능력도 없어서는 안 된다. 그리고 가끔 만날 소수의 친구가 있으면 금상첨화다.

내가 나중에 늙어 독거를 한다고 해도 반드시 불행한 것은 아니다. 홀로 있어도 행복한 사람이 되는 연습을 지금부터 한다면 당장도 유익하고 미래에도 도움이 될 수 있다. 그렇게 마음을 먹고 나니, 노후에 대한 두려움 하나가 사라져 마음이 한결 가볍다. 걱정하지 말자. 상상하는 것처럼 노인의 미래가 우울하고 외롭지는 않을 것 같다.

늙으면 더 오래
　　깊게 살 수 있다

　젊은 시절에는 망원경을 끼고, 원숙한 시절에는 내시경을 낀다. 혈기 왕성할 때는 먼 곳에 시선이 절로 가지만, 원숙해진 후에는 가슴 속에 어떤 응어리가 있는지 머리에 무슨 상념이 생겼다가 꺼지는지 속내를 살펴보는 일이 잦아진다.

　우리가 지켜보는 삶은 그렇게 이중 구조다. 외적인 삶과 내적인 삶이 서로 등을 맞대고 붙어 있다. 외적인 삶을 가꾸는 법은 이를테면 이런 것이다.

　· 예쁜 식당에 가서 예쁜 휴대전화로 예쁜 음식 촬영하기

　· 전자제품 회사가 철마다 광고하는 신형 노트북과 스타일러와 TV 구매하기

　· 잘 생기거나 아름다운 연인을 만들어서 관계

유지하기

· 큰돈을 주거나 편안한 직장의 명함 갖고 다니기

· 친구나 동료와 원만한 관계 유지하기

· 내 몸을 가꾸고 좋은 옷을 입고 돌아다니기

· 세계 여행을 떠나거나 계획이라도 세우기

눈에 보이는 삶의 기쁨들인데, 어느 것 하나 무시할 게 없다. 하지만 내면 없이는 외면도 있을 수 없다. 겉만 꾸밀수록 속은 허전해진다. 굶주리며 피부가 빛날 수 없듯이 속을 채우지 않으면 겉도 무너진다.

망원경으로는 볼 수 없는 내적인 삶은 이렇게 가꿀 수 있다.

· 새 차나 새 옷보다 자신을 더 사랑하기

· 월급 액수가 아니라 감정과 가치에 가중치 두기

· 슬픔 외로움 화 등 내 감정의 생성 소멸 과정을 관찰하기

· 자신의 상상력과 창의성에 자부심 느끼기

· 커피 향, 새소리, 파란 하늘 등 삶의 작은 기쁨을 음미하기

· 파티 초대를 사양하고 고요히 마음의 평화를

느끼기

　팔팔한 나이에는 매력적이지 않을 것들이다. 왜냐하면 달콤하지 않아서다. 내적인 삶의 기쁨들은 자극적이지 않되 은근하고 깊어서 질리지 않는 맛이다. 그런 맛을 음미할 수 있으면 이점이 크다. 무엇보다 자신을 알 수 있다는 사실이 의미심장하다.

　미국의 철학자이자 선불교 명상 수행자인 에즈라 베이다(Ezra Bayda)가 이렇게 말했다.(국내 미출간된 것으로 보이는 책 『입문자를 위한 노년 이야기 Aging for Beginners』의 일부를 번역했다.)

　"어떤 이에게 노년은 내적인 삶이 외적인 삶만큼 중요해지는 인생의 새로운 단계이다. 이 때문에 인생이 진정 무엇인지 이해할 가능성이 생겨난다."

　젊은 시절에는 망원경을 들고 뛰어다니면서 손에 거머쥘 것을 찾으라 분주하다. 하지만 나이가 들어 현명해진 후에는 내면을 살피는 내시경도 자주 쓰게 된다.
　에즈라 베이다의 생각이 맞다. 내적 삶의 중요성을

깨달으면 좋은 일이 생긴다. 인생을 이해할 가능성이 열린다. 나의 바깥만 봐서는 나의 정체와 인생의 의미를 알기 어렵다.

그런데 인생을 이해해서 뭐 하냐고? 인생이 뭐고 내가 뭔지 몰라도 행복하기만 하면 되는 것 아니냐고?
바로 그 행복이 문제다. 내가 뭔지 몰라서는 행복할 수 없다. 나와 내 인생을 이해 못 하면, 괴로움에서 벗어날 수 없고, 불행을 떨칠 수 없다는 것이다.

원숙한 어른은 삶의 고통에서 벗어날 기회가 생긴다. 내면을 살피게 되기 때문이다. 그건 혼자 있는 시간이 늘어서 생기는 변화이다. 또 물질보다 가치를 더 높이 여기는 지혜가 생기는 것도 원인이다. 젊음을 부러워할 이유가 많지 않다. 젊은 사람은 젊기 때문에 고통이 더 크다.

이 맥락에서 떠오르는 고전 단편 소설이 있다. 바로 톨스토이 단편집에 실린 『사람에게는 얼마만큼의 땅이 필요한가』(써네스트)이다.

빠홈이라는 농부가 주인공인데 그는 넓은 땅에 목을

매다시피한다. 넓은 밭에서 열심히 농사를 지을 수 있다면 가족과 함께 행복하게 살게 될 거라고 믿어 의심치 않는다.

어느 날 땅을 원하는 그에게 한 귀인이 나타난다. 바로 광대한 땅을 가진 바쉬끼르인들이다. 그들은 땅만 넓은 게 아니라 마음도 광활했다. 일천 루블만 내면 어마어마하게 넓은 땅을 가져도 된다고 말한다. 조건은 단 하나다. 새벽에 해가 뜰 때 출발해서 해가 질 때까지 출발지로 돌아오기만 하면, 그날 돌아다닌 외곽선 안의 땅 전부를 가질 수 있다.

빠홈은 너무나 흥분되었다. 열 시간가량 열심히 걷거나 뛰어서 발자국을 남기고 말뚝을 박기만 하면 그 땅이 자신의 것이 된다. 전날 밤 푹 자는 게 중요한데 가슴이 뛰어 좀처럼 잠을 이룰 수 없었던 그는 새벽이 오기 전 잠깐 눈을 붙였을 뿐이다.

그런데 액땜하라는 뜻이었을까. 악몽이 찾아왔다. 꿈에서 쓰러져 죽은 사람이 있었는데 얼굴을 보니 바로 자신이었다.

날이 밝자 빠홈은 악몽은 잊어버리고 열심히 걷고 또 걸었다. 최대한 멀리 가서 말뚝을 박은 후에 방향을 트는 것이 그의 작전이었다. 그런데 빠홈은 무리하게 멀리 갔다. 더 넓은 땅을 갖고 싶은 욕심 때문이었다. 빠홈이 멀리 걷는 동안 해는 점점 서산을 향했다. 어느 순간 위기감을 느낀 빠홈이 출발 지점으로 서둘러 돌아가기로 마음을 먹었다. 해가 얼마 남지 않았다. 빠홈은 달렸다. 출발 지점은 산꼭대기였다. 해가 져버리면 모든 게 허사가 되니까 빠홈은 죽을힘을 다해 달릴 수밖에 없었다. 달리고 달린 그는 다행히도 해가 지기 전에 출발 지점에 다다랐고 구경꾼들은 그에게 기쁜 마음으로 축하해줬다.

그런데 도착한 빠홈은 쓰러져서 피를 토하며 숨을 거두고 말았다. 사람들은 1.8미터 정도 길이의 무덤을 파서 빠홈을 묻어주었다. 빠홈에게 필요한 땅은 딱 그만큼이었다.

빠홈의 문제점은 두 가지다.

첫 번째, 인생의 의미에 대한 철학이 부족했다. 땅이 넓을수록 행복할 거라는 믿음은 어리석다. 땅과 같은 외적 조건은 덜 충족시켜도 된다. 내면의 만족감, 기쁨, 감사함이 훨씬 중요하다. 땅이라는 바깥의 기쁨이 아니라, 내면의 기쁨을 더 중시했다면 빠홈은 과욕을 부리지 않았을 테고 넉넉한 토지 소유자로서 행복하게 살았을 것이다.

두 번째, 빠홈의 젊은 육체도 화근이었다. 더 늙은 몸을 가졌었더라면 무리하지 않았을 것이다. 역설적으로 젊어서 빨리 죽었다. 때로는 노화가 불행을 막을 수 있다. 기력이 빠지면 더 조심스러워져서 더 안전해진다.

사실, 그리스 페르시아 인도에 이르는 대제국을 건설한 알렉산드로스 대왕(BC 336~BC 323)의 죽음의 원인도 빠홈과 비슷하다. 정복 욕심이 너무 심한 것은 둘째 치고, 너무 젊어서 일찍 갔다.

알렉산드로스는 32살에 열흘 동안 고열에 시달리다가 죽었다. 장티푸스 혹은 말라리아가 원인일 거라는 추정이 있다. 또 알코올성 간 질환을 의심하기도 한다.

알렉산드로스는 갓 20살에 왕위에 올라 너무 열심히 세상을 정복하고 다녔다. 고국의 성 안에 가만히 있었다면 전염병에 걸릴 확률이 낮았을 것이다. 또 스트레스에 따른 폭음도 없었을지 모른다. 그가 32살이 아니라 52살이었다면 일찍 고국으로 돌아가 더 오래 살았을 것 같다.

위험한 암벽 등반을 하다 추락하는 70대는 드물다. 멋있고 위험천만한 다이빙은 보통 젊은이들이 즐긴다.

사람은 너무 젊어서 빨리 죽는다. 늙어야 오래 살 수 있다. 자신의 한계를 인지하고 삶의 진정한 의미를

되새기면서 오래 살려면 빨리 늙어야 한다. 그런 이상한
역설이 진리라니 참 오묘하고 흥미롭다.

나이 들어야 아름다울 수
있다는 걸 알게 된다

　부정하고 싶어도 부정하기 어려운 사실이다. 젊어야 예뻐 보인다. 팽팽하고 깨끗한 피부가 곱고 꼿꼿한 자세가 보기 좋다. 화려하게 피었다 시드는 꽃처럼 사람도 생의 사이클을 따르는 생물이니까 그럴 수밖에 없다.

　그런데 생각할수록 의문이 든다. 꼭 예뻐야 할까? 예쁜 거 말고도 매력의 종류가 수도 없이 많지 않은가? 그런 근본적 질문에 대한 답을 젊을 때는 좀처럼 얻기 힘들다. 자신이 직접 늙어가면서 근심하고 고뇌해 봐야 진정한 아름다움에 대한 각자의 답을 갖게 된다.

　외모의 노화 때문에 가장 고민이 깊은 직업은 아마 배우일 것이다. 외모가 밥벌이 자산인 배우들의 노화 대응법은 두 가지다.

　첫 번째는 가면 구입이다. 성형외과에서 제작 판매하는

가면을 쓰면 흠결 없이 깨끗한 젊음의 피부를 10년 년~20년 유지할 수 있다. 그런데 가면은 기만이다. 자기를 속이고 남을 속이는 행동이라는 걸 가면 구입자 본인의 양심이 가장 잘 안다. 그래서 가면 쓰기를 거부하는 배우들도 있다.

배우의 두 번째 노화 대응법은 노화 긍정이다. 노화를 수용하고 노화의 의미와 아름다움을 찾아내는 배우들이 해외에 더 많은데, 앤디 맥도웰도 그중 하나다. 영국의 로맨틱 코미디 영화 《네번의 결혼식과 한번의 장례식》의 주연이었던 그녀는 우리나라 사람들에게도 낯이 익으니까 세계적인 배우라고 할 수 있다. 그가 60살이 넘은 2021년 '인터뷰 매거진'에서 이렇게 말했다.

"나는 젊지 않다. 그런데 괜찮다… … 우리는 나이가 몇이든 각자의 방식으로 아름답고 눈부신 존재이다. 나는 아주 편안하다. 가면을 벗은 것 같다."

주름 가득한 얼굴로 활짝 웃으며 그녀는 그렇게 말했다. 자신의 노화를 인정하고 자기 나이에 맞는 자부심과 기쁨을 즐기는 삶을 산다고 자랑했다.

같은 해 미국 공영 라디오 방송 NPR과의 인터뷰에서는 더 강력하게 말했다. "내가 지금처럼 아름다웠던 적은 없다."라고.

우리도 따라서 말해보자. "평생을 통틀어서 지금의 내가 가장 아름답고 멋있다."고 친구나 자녀나 아내나 남편에게 당당히 확언하는 거다. 수줍어서도 도저히 안 되겠다면 구석에서 혼잣말이라도 해보자.

말이 생각의 문을 연다. 외모 긍정의 확언을 몇 번 반복하면 나이 들었기 때문에 피어난 나의 매력과 아름다움이 눈에 보이기 시작할 것이다.

주름이나 흰머리를 사랑하기로 결심한 이들도 있다.

"나는 항상 나 자신으로 보이길 원한다. 그것이 나의 나이 든 버전이라고 해도 그렇다."(《캣우먼》의 할리 베리)

"나는 흰머리와 잔주름을 획득했다고 생각한다. 나는 그것들이 좋다."(《금발이 너무해》의 리즈 위더스푼)

원래 얼굴을 지우고 가면을 쓴 채 환호를 받으면 행복할까. 할리 베리는 그게 싫다. 자기 진짜 모습을 보이고 싶다. 진실한 자기 모습을 숨기지 않는 그는 자신을 진실로 사랑하는 사람이다.

리즈 위더스푼에게는 흰머리와 주름이 보상이다. 울고 좌절하고 웃으며 긴 시간 동안 많은 경험을 해낸 후에 받은 훈장이다. 흰머리와 주름을 노화의 저주라고 생각하면 하루 하루 한숨을 쉬게 되지만 보상이요 훈장이라고 생각하면 흰머리와 주름도 사랑할 수 있다. 나이듦이 부끄러운 게 아니라 오히려 행운이며 자부심의 원천인 걸 깨달은 사람들도 있다.

"나이 든다면 그것은 운이 좋아서다. 나는 사람들이 외모가 아니라 자기 존재와 평화롭게 지내길 바란다." 《ET》의 드류 베리모어 감독)

"나이가 들고 늙어간다는 건 전혀 부끄러운 일이 아니다. 오히려 나이가 들면서 자부심을 느끼게 된다고 나는 생각한다."(영화배우 브룩 쉴즈)

사람들은 흔히 노화를 부끄러워한다. 어떻게든 숨기고 부정하려고 기를 쓰는데 소용이 없을 뿐 아니라 고통만 더한다. 차라리 인정하고 껴안는 게 낫다. "그래. 나 늙었다. 그런데 나는 늙은 내가 좋다."라고 말하는 것이다. 나를 껴안고 나면 행복해진다.

자신의 아름다움을 주장해도 좋다. 노화는 황금 왕관 같은 것이다. 빛나는 왕관처럼 사람을 더욱 아름답게 만드는 것이 노화라고 주장하는 유명인들이 많다.

"아름다움은 계속 자라는 것이지 점점 시드는 게 아니다. 나는 나이 들면서 진정한 아름다움의 미묘한 의미를 이해하게 되었다. 아름다움은 타고나는 게 아니라 조금씩 키워가는 것이다."(《미녀 삼총사》의 배우 캐머런 디아즈)

여성은 나이 들수록 아름다워진다고 생각하지 않는 사람이 있다니 당황스럽다. 자신감은 나이와 함께 생기며, 스스로에 대한 자신감에서 아름다움이 비롯된다.(《타이타닉》의 배우 케이트 윈슬렛)

여성은 나이 들수록 아름다워진다는 걸 이해하고, 중요한 것을 알기 때문에 여성은 소녀보다 더 아름답다고 생각하는 게 유럽 여자들이다. 나는 그렇게 되고 싶다.(영화배우 샤론 스톤)

나이가 들수록 아름답다고 했다. 이를테면 마흔 살부터

아름다움이 꺾여서 시드는 게 아니다. 쉰 살에도 예순 살에도 아름다움은 끝없이 자란다는 이야기다. 희망적이고 기분 좋은 메시지다. 그런데 어떡해야 더 아름다워질까. 미국 루스벨트 대통령의 아내인 엘리너 루스벨트가 명언을 남겼다.

"젊고 아름다운 사람은 자연의 우연이지만 나이들고
아름다운 사람은 예술 작품이다."

젊은 미남 미녀는 유전자 덕분에 우연히 예쁜 것이다. 하지만 나이 들고도 아름다운 사람은 예술 작품이다. 예술가가 전력을 다해 작품을 만들듯이, 자신이 자신의 모습을 조각해 낸다는 뜻이다.

우리는 각자 자신의 예술가이다. 나만의 독창적인 미소와 표정을 내가 창조할 수 있다.

매력적인 철학과 화법과 태도까지 갖추면 나는 예술 작품처럼 아름다워진다. 젊어야만 꾸밀 수 있는 게 아니다. 나이 들어도 아름다워질 기회가 충분히 주어진다. 물론 그런 기회를 누구나 누리는 것은 아니다. 노화를 부끄러워하고 청춘을 부러워하면 노년의 아름다움이 시들고 만다.

06 _____

연령주의와의 이별,
노인을 위한 나라가 있다

노화는 최면의 결과일지 모른다는 것이다. 육체가 무기력해져서가 아니라 정신이 무기력해져서 육체의 힘이 빠진다는 뜻이다. 그런데 누가 최면을 걸었을까. 몇몇 비뚤어진 개인들의 소행이 아니다. 바로 젊음 중심 사회의 연령주의가 범인이다.

나이 차별을 멈추면,
내 마음이 금방 편해진다

유색 인종이 불결하거나 무지하다고 생각한다면 그건 인종 차별이다. 오직 피부색에 대한 편견에 갇혀서 사람을 차별하는 인종차별주의자는 성차별주의자나 외모지상주의자만큼 흔하고도 경박한 사람들이다.

알다시피 연령주의(연령차별주의)도 지구촌에 널리 퍼져 있다. 나이에 따라 사람을 부정적으로 평가하고 차별하는 게 연령주의다. 고연령자들이 당하기 쉬운 피해를 몇 가지 열거하면 이런 게 있다.

· 나이 많은 직장인들은 새로운 학습이 어렵고, 적응 능력이 떨어진다는 편견에 시달린다.
· 미디어에서는 노인이 자기중심적이고 성격이 고집 센 사람으로 묘사하는 경우가 많다.
· 노인은 몸이 약하고 의존적이라는 편견을 가진

사람이 흔하다.

· 노년층은 성장할 수 없고 과거에 묶여 있다는 편견이 넓게 퍼져 있다.

· 나이 든 사람들은 아름다울 수 없다는 사회적 인식도 강하다.

위와 같은 연령주의 편견은 광범위할 뿐 아니라 깊이 퍼져 있다. 사람들 마음속 깊이 숨어 있기 때문에, 대화 도중에 불현듯 그리고 미묘하게 튀어나오기도 한다. 예를 들어서 아래의 말은 칭찬일까 조롱일까. 20대 후반 사람이 50대 후반 사람에게 이렇게 호평했다.

"나이에 비해 아주 건강하시네요."

"그 나이에 정말 대단한 일을 하셨어요."

이런 표현들은 대개는 칭찬으로 여겨지기 때문에 반사적으로 "고맙습니다."라고 인사하고 싶어진다. 그런데 인사하고 나면 마음이 개운찮다. 어딘가 찜찜한 구석이 있다. 그렇게 느끼는 사람은 섬세하다. 위 칭찬의 함의를 예민하게 감지했기 때문에 불편해졌다.

"나이에 비해 아주 건강하시네요."에는 "당신은 건강이 어울리지 않는 나이입니다."라는 뜻이 숨어 있다. 바꿔 말해서 "당신은 쇠약한 나이다." 혹은 "당신은 아픈 게 정상인 약골 연령대다."가 그 겉치레 칭찬의 불쾌할 수밖에 없는 속뜻이다. 역시 흔하게 쓰이는 예가 있다.

20대 사람이 50대 사람에게 감탄의 말을 했다.

"와~ 젊었을 때 무척 아름다우셨겠어요."

칭찬 같지만 칭찬이 아니다. 그 속에 외모 비하 평가의 가시가 들어 있기 때문에 칭찬일 수가 없다. 말하자면 "당신은 지금은 아름답지 않다."라는 뜻이 숨어 있다. 듣기 좋을 수가 없다. 물론 나이 비하도 함축되어 있다. "당신은 도저히 아름다울 수 없는 나이다."라는 면박을 숨긴 말이기 때문에, 불쾌해야 정상적이다.

위 예문이 주는 불쾌감의 근원들은 연령주의를 숨긴 표현이자 발언들이다. 외모지상주의가 생김새에 따라 사람의 가치를 평가하고, 인종차별주의가 인종을 기준으로 사람의 등급을 매긴다면, 연령주의는 나이에 따라 차별과 우대가 결정되는 사고방식이다.

연령주의는 대체로 나이 든 사람을 차별한다. 예를

들어서 50살만 넘어가도 도저히 건강할 수 없다거나 아름다울 수 없다는 믿음이 확고하다면 연령주의에 빠진 것이다. 세상 사람들의 머릿속에 정교하게 뿌리내린 그런 연령주의가 중·노년을 미묘하게 괴롭힌다.

그런데 더 큰 문제는 세상이 아니라 우리 내면에서 자라는 연령주의다. 공기 중의 연령주의 바이러스가 내 몸속에 침투해서 자란다면 문제가 더 커진다. 가령, 이런 문장을 떠올려보자.

"이 나이에 내가 그런 걸 바라도 될까?"
"이 나이에 내가 그런 걸 할 수 있겠어?"

자신은 나이가 많기 때문에 바람을 줄어야 하고, 자신감도 접어야 한다는 속뜻이 숨어 있다. 연령주의에 오염된 발언이다.

이런 연령주의는 노년의 삶을 무기력하게 만든다. 가능한 일도 못 하게 되고, 있던 기회도 날리게 된다.

반대로 내 속의 연령주의만 극복해도, 노년의 삶은 훨씬 자유롭고 행복하다. 아주 쉽다. "나이"라는 단어를 빼고 생각하면 된다. 이를테면 이렇게 말이다.

"내가 그걸 바라도 되는 걸까? 바라지 말아야 하는 걸까?"
"내가 그걸 할 수 있을까? 하려면 어떤 노력이 필요한가?"

나이를 빼고 고민한다. 내 나이가 아니라 나의 능력이나 소원을 기준으로만 판단하는 것이다.

"이 나이에~"를 지워버리면 내 머리는 연령주의에서 해방되고, 내가 노후에 행복을 누릴 가능성이 높아진다. 그리고 젊은 연령대에 대한 차별도 피하는 게 좋다. 그러기 위해서 지워야 할 표현들이 있다. "어린 사람이 이러면 안 돼."라거나 "너는 아직 몰라도 돼."라는 말은 하지 말아야 한다.

나이 듦은 만물의 자연 현상이다. 그런데 나이 듦을 차별의 근거로 삼는 이들이 있다. 바로 연령주의자들이다. 그들은 사람의 고유성을 인정하지 못한다.

대신 사람을 하나의 무개성한 존재로 여긴다. 비유하자면 연령주의자들은 상대를 벽돌로 본다. 그런 시각에서는 사람을 고유한 인간이 아니라 수많은 노인 중의 하나일 뿐이고, 흔해 빠진 젊은이 중 하나에 불과하다.

앞에서 말했듯이 연령주의는 외부가 아니라 나 자신을 향해서도 해악이 크다. "이 나이에 뭘 할 수 있겠어?"라고 회의하는 순간, 연령주의가 내 삶을 집어삼키게 된다.

반대로 "이 나이에 못할 게 뭐가 있겠어?"라고 자신할 때, 연령주의는 힘을 잃고 만다.

언제든 사랑을 다시
시작할 수 있다

한 노인에 대한 이야기다. 그는 한 발짝만 더 나아갔어도 간절한 사랑을 얻었을텐데, 그 사실을 40년이 지난 후에야 알았다.

19세기 프랑스의 소설가 기 드 모파상의 단편 소설 중에 『회한』이라는 작품이 있다.

주인공 이름은 싸발이고 나이는 62살이다. 그의 특징은 외롭다는 것이다. 너무나 외롭다. 재산도 있어서 보통 사람이라면 결혼하고도 남았을 텐데, 싸발 자신은 단 한 번도 이성의 사랑을 받아 본 적이 없으니 아내도 자식도 없다. 또 어머니를 비롯한 가족들도 모두 죽었다.

이제 모든 불확실성 중에서 가장 확실한 죽음만이 두 팔을 벌리고 그를 기다린다.

어느 가을날 아침. 일어나보니 비가 내리는 음울한

날이었다. 벽난로와 창가를 오가며, 외롭고 황폐한 자신을 되돌아 본 싸발은 우울감에 젖는다. 이렇게 외롭게 죽고 말 것인가. 슬프고 무서웠다.

그런데 마치 어제 일처럼 생생하게 떠오르는 순간이 있었다. 저 먼 옛날의 일이었다.

친구 쌍드르와 그의 아내와 싸발, 그렇게 셋이 강변의 숲으로 와인과 도시락을 갖고 소풍을 갔다. 쌍드르의 아내는 아름다웠고 금발이 눈부셨고 웃음이 화사한 사람이었다. 싸발은 그녀를 보고 첫눈에 반했다. 하지만 싸발은 무기력한 사람이었다. 가슴이 터질 것 같았지만 감히 접근하거나 고백할 생각을 못 했다. 그런데 그날 숲속을 싸발과 그녀 단둘이 걷게 되었다.

세 사람은 버드나무 아래의 풀밭에서 점심을 먹었는데, 친구 상드르는 누워 곤히 잠을 자기 시작했다. 깨어나면서 그렇게 달게 잠을 잔 적이 없다고 말했다.

그가 잠자는 사이 쌍드르의 아내와 싸발은 단둘이 숲을 걸었다. 그녀는 걸어가면서 싸발의 팔에 몸을 기댔다. 그녀는 싸발을 향해 웃으면서 자신이 취했다고 말했다. 뭐라고 답을 했어야 한다. 하지만 싸발은 소심하고 무기력한 사람이었다. 마음을 들키지 않으려고 오히려 조심했고 한 마디도 대꾸하지 않았다. 그녀는 무안했다.

두 사람이 어느 나무 밑을 지나는 순간, 그녀의 귀가 싸발의 볼에 닿았다. 싸발은 즉시 반응했다. 소심하고 무기력한 사람답게 뒤로 물러선 것이다. 게다가 한술 더 떠서 "이제 돌아가자."고 말하기까지 했다. 실망한 듯한 그녀가 좋을 대로 하라고 말을 뱉었다.

비 내리는 음울한 어느 가을 아침, 그 숲속 산책이 생생하게 떠올랐고, 싸발은 궁금해졌다. 그때 그녀의 마음은 무엇이었을까. 견디기 힘들게 궁금했다. 해서 가까운 곳에 있었던 쌍드르 집으로 달려갔다.

이른 아침에 찾아온 싸발에게 무슨 일이 있냐고 혹시 아프냐고 그녀가 걱정스레 물었다. 이제 통통하다 못해 우람한 58살의 그녀에게 싸발이 물었다.

"제가 첫눈에 사랑했다는 걸 알고 있었나요?"

"하하하. 그럼요."

"그런데 왜 아무 말도 없었죠?"

"그건 싸발님이 저에게 아무런 말도 하지 않았기 때문이죠. 고백은 내 몫이 아닌걸요."

"그럼 쌍드리가 풀밭에서 자고 우리 둘이 숲을 걸었던 날은 기억하나요?

"물론이죠. 기억해요."

"만일 제가 그날 적극적이었다면 당신은 어떻게 했을까요?"

"그거야…. 받아줬을 겁니다."

말이 끝나자마자 그녀는 응접실을 빠져나가 버렸고, 싸발은 집을 나와 비를 맞으며 걸었다. 한참을 걸었다. 온몸이 다 젖었다. 결국 도착한 곳은 그 옛날 세 사람의 소풍 자리였다. 싸발은 주저앉아 눈물을 터뜨렸다.

이야기의 제목은 '회한'이다. 눈물을 쏟으면서 후회한 싸발의 마음을 나는 이해할 수 있었다. 나도 놓쳤거나 잘못 선택한 것이 인생 안에 있다. 싸발만큼 눈물을 쏟을 일은 아니었지만, 그래도 돌아보면 한숨이 나고 후회가 된다. 늙고 외로운 싸발이 불쌍하다는 평계를 대면서 나는 소주 반병을 마신 후 TV를 보다가 잠이 들었다.

그런데 다음 날 새벽 일어나니 내 생각이 달라져 있었다. 나는 싸발에게 공감이 아니라 반감을 품었다. 내게 싸발은 공감할 수 있는 불쌍한 사람이 아니라, 도저히 이해할 수 없는 사람이 되어 있었다.

싸발은 과거의 소풍 장소까지 걸어가서 혼자 울었다. 늙어서도 그는 천성을 버리지 못했다. 무기력하고 소심하기

이를 데 없었다. 자신이 적극적이지 않은 걸 후회했다면 이제라도 적극성을 보였어야 했다. 이렇게 물어볼 수 있다.

"지금은 안되나요? 지금 고백하면 내 사랑을 받아줄 수 없나요?"

싸발은 아직 사랑하는 마음이 남아 있는 게 분명하다. 그렇다면 수십 년의 후회를 이제 끝내고 적극적으로 구애를 했어야 한다. 그렇게 해서 일이 잘 풀리면 결혼까지 해서 1년이건 10년이건 행복하게 사는 것이다.

끝이 좋으면 다 좋은 것이다. 62살의 싸발이 사랑을 이루었다면 그의 인생은 보상받는 것이나 다름없다. 물론 친구를 배신한 게 또 죽을 때까지 고통이 되겠지만.

혹시 그녀가 거절한다면 오히려 그게 다행일지 모른다. 다른 적임자를 찾아서 구애하면 된다. 재산도 있고 아직 건강하니까 열심히 돌아다니면, 싸발 자신을 좋아해 줄 사람을 찾을 수 있을지도 모르니까.

짝을 찾아서 그 견디기 힘든 외로움과 패배감을 씻은 후에 싸발은 웃으면서 죽을 수 있었을 것이다. 그러나 싸발은 뒤로 물러섰다. 그날 숲속에서처럼 인생의 기회를 날려버리는 쪽을 택했다.

우리는 싸발처럼 살 이유가 없다. 몇 살에든 사랑을 다시 시작할 수 있다. 첫사랑을 찾거나 새로운 반려자를 찾는 것도 방법이지만, 기존의 반려자를 새롭고 뜨겁게 사랑하는 길도 있다. 어느 길이든 우리는 선택할 권리와 자격이 있다. 원하지 않으면 모르겠지만 사랑을 원한다면, 주저할 이유도 없고, 주저해서도 안 된다.

생각해보면 작가인 모파상의 시각도 문제적이다. 19세기 후반에 살았던 그는 연령주의에 감염된 것 같다. 그의 소설 속에서 고령자는 회환이 어울리는 존재다. 고령자는 후회하면서 주저앉아 눈물 흘리는 것밖에는 할 수 없는 것으로 그려진다. 전형적인 연령주의다.

노인을 무력하게 보는 생각은 틀렸다. 지금뿐 아니라 19세기 프랑스에서도 틀린 생각일 것이다. 몇 살이건 다시 사랑을 시작할 수 있다. 어쩌면 나이가 들어 정신이 심플해지고 집중력이 좋아지기 때문에, 더 밀도 높고 절실한 사랑을 할 수 있을지 모른다. 젊을 때만 그렇게 아니라, 노년도 사랑하기 좋은 나이다.

언어 능력과 지식이
평생 끝까지 늘어난다

나이 들면 지적 능력의 일부를 상실하게 될까. 그런 연령주의적 걱정이 많지만 꼭 그렇지만은 않다. 약화되는 지적 능력도 있고 더 강화되는 지적 능력도 있다.

가정해 보자. 10대 손녀와 손자가 머리를 맞대고 라면을 끓이고 있다. 이색적인 라면을 원한 아이들은 냉장고 문을 열어, 어울릴 것 같은 식재료들을 긁어모아서 라면에 넣었다. 그렇게 해서 셀러리와 양상추를 고명으로 얹은 차돌박이 라면 요리가 세상에 나왔다.

이번에는 70대 할머니가 라면을 끓인다. 20년 전 처음 맛본 돈코츠 라멘 레시피를 그대로 재현해서 손자에게 내놓았다. 이어서 몇 해 전 겨울에 먹어봤던 크림 라면의 맛을 떠올리고는 치즈와 우유를 넣어서 맛이 부드러운 라면을 손녀에게 만들어줬다.

영국 출신 심리학자 레이몬드 카텔(Raymond B. Cattell)의
유명한 지능 분류법이 있다. 사람 지능은 유동성 지능과
결정성 지능으로 나뉜다고 한다. 유동성 지능은 흐르는
물처럼 부드럽고, 결정성 지능은 크리스탈처럼 굳건하다.

유동성 지능은 즉흥성과 창의성이 특징이다. 즉석에서
아이디어를 내서 새로운 문제를 해결하는 데 쓰인다. 반면
결정성 지능은 이미 누적된 경험이나 지식을 활용하는
지적 능력이다.

앞에서 든 예에서 아이들은 기존의 지식이 아니라
즉석 아이디어에 따라 유연하게 새로운 라면 레시피를
창조했다. 반면, 할머니는 오랫동안 굳건히 저장된 지식에
따라 라면을 끓였다. 아이들은 유동성 지능을 발휘했고
할머니는 결정성 지능을 이용했다.

유동성 지능이 높으면 적응성과 순발력과 창의성에
강점이 있다. 또 추상적 추론에 능하고 반응속도가 빠르다.
그래서 스마트폰 앱을 내려받아 활용법을 금방 추론한다.
인터넷으로 구입한 가구 조립도 설명서 없이 쉽게 해낸다.
컴퓨터 게임도 금방 이해한다. 계획이 흐트러져도 새로운
계획을 어렵지 않게 짜낼 수 있다. 체스를 빨리 둘 수
있고, 창의적인 방법으로 수학 문제를 푼다. 유동성 지능이
높으면 머리가 빠릿빠릿하고 유연하다.

결정성 지능은 즉흥적이지 않다. 대신 경험과 학습을 통해 쌓은 지식, 정보, 기술에 의존한다. 결정성 지능이 높은 사람은 오래전에 읽은 문학 서적의 아름다운 구절을 정확히 암송할 수 있다. 또 수십 년 전에 봤던 재미있는 영화의 세세한 플롯을 잊지 않는다. 그리고 사회 경험을 통해 쌓은 법적인 절차, 이를테면 세금을 얼마나 어떻게 내야 하는지 분명하게 안다. 사람의 유형을 잘 알고 유형에 따라 상대를 대하는 방법도 터득한다. 또한 암기한 공식을 활용해서 수학 문제를 풀 수 있다.

여러 연구자들은 이르면 20대 말부터 유동성 지능이 하락하기 시작한다고 말한다. 이는 즉, 20대 이후에는 유연성, 적응력, 추상적 추론 능력, 반응 속도 등이 점점 떨어진다는 것이다.

그런데 결정성 지능은 하락하지 않는다는 게 다수의 의견이다. 그러니까 80대 노인이 청년보다 더 뛰어난 결정성 지능을 가질 수 있다.

다시 말해서 노령자도 지리나 역사 분야의 지식 강자가 될 수 있다. 또 어휘력, 문해력, 문법 지식 등도 계속 성장할 수 있다. 또 경험이 풍부한 기업의 리더가 되기 쉽다.

하버드 의대 조지 베일런트 교수는 그의 저서 『행복의 조건』(프론티어)에서 이렇게 정리했다.

"신속한 반응, 빠른 기억, 실수 없이 빠른 계산, 시각적 관계에서의 빠른 추론과 같은 기술은 20살에서 30살 사이에, 절정에 다다르고 70살 이후 현저히 감소한다. 심리학자들은 이런 기술을 유동적 지능이라 부르는데, 유동적 지능은 수학적 창의성의 핵심이다. 심리학자들이 결정성 지능이라 부르는 기술도 있는데 그것은 유사성 인지, 귀납적 논리적 추론, 어휘력 보유 능력을 뜻한다… 이런 능력은 60살까지 증가하는데, 80살인 사람의 결정성 지능이 30살 사람의 결정성 지능과 비슷한 경우도 흔하다."

나이가 들면 유동성 지능이 떨어진다는 게 사실일까. 그래서 유연성과 추상적 추론 능력과 반응 속도가 갈수록 저하된다는 설명이 부정할 수 없는 진리일까. 그것이 사실이라고 해도, 고연령층이 좌절할 이유는 없다. 어휘력과 문해력과 논리적 추론 능력 등은 평생 향상된다고 말하는 과학자들이 많다. 또 오랜 세월 경험을 통해 얻은 삶의 지식도 계속 늘어난다. 그러면 경험과 지식에 기반해서, 안정적인 결정을 내릴 수 있다. 이런 강점을 더 크게 키우는 게 노년의 지성을 위한 좋은 전략이 될 수 있다.

한편, 중·노년의 약점일 수 있는 유동성 지능의 쇠퇴를 상쇄하는 방안도 여러 과학자들이 제시한다. 가장 자주 꼽히는 원칙은 새로운 도전이다. 매일 반복 하는 방법 말고 다른 방법을 시도해 본다. 인생의 새로운 것들 낯선 것들에 도전해도 좋다.

가령 게임도 해보고 앱도 설치해 본다. 키오스크가 겁나도 도전하고, 안 보던 책이나 TV 프로그램에 눈을 돌린다. 그리고 어려운 사칙 연산도 시도해 본다. 새롭고 난해한 분야의 지식에도 도전한다. 그러다 보면 반응 속도와 유연성이 향상될 수 있다고 한다.

노년에는 유동성 지능은 약화되지만, 결정성 지능은 굳건하다. 신속한 반응과 빠른 기억은 약화되지만, 어휘력과 논리적 추론 능력은 건재한 것이다. 노년에 할 일은 유동성 지능의 약화 추세를 저지하면서 결정성 지능을 더욱 강화하는 것이다.

이를테면 더 빠르게 기억하고 반응하려는 노력과 함께 더 많은 책을 읽고 글을 써본다. 다 가질 수 없다고

안타까워하지는 말자. 그것이 욕심이고, 욕심이란
누구에게나 해롭기 마련이다.

노화는 가혹하지 않다,
마음으로 이길 수 있다

나도 믿기 힘들었다. 생각을 젊게 하면 몸도 따라서 수십 년 젊어진다는 소리가 약장수의 선전이지 과학적 주장일 리가 없었다. 하지만 곱씹었더니 맛이 오묘했다. 주장의 근거가 된 실험 이야기를 먼저 해야 할 텐데, 실험의 설계자는 하버드 심리학과의 엘렌 랭어 교수이다. 그의 책 『늙는다는 착각』(유노북스)에도 나오고 서구 언론 기사에도 많이 소개된 실험 내용을 정리해 보면 이렇다.

때는 1981년. 미국 뉴햄프셔에 있는 한 수도원 건물 앞으로 승합차가 도착해서 70대 남성 8명을 내려 놓았다. 그 시절 70대면 지금의 초고령자에 속하는 사람들이어서 겉모습에서부터 노화가 확연했다. 몇몇은 관절이 좋지 않거나 몸이 굽은 모습이었고 두 명은 지팡이를 짚었다.

말하자면 꼬부랑 할아버지들이었다. 그들은 몇 가지 연령 지표 검사를 받는다. 청력, 시력, 기억력, 유연성, 손가락 기민성 등이 테스트 항목이었다.

노인들이 들어간 수도원은 1981년 현재와는 완전히 딴 세상이었다. 22년 전 1959년의 세상이 그곳에 재현되어 있다. 당시 유명 가수와 배우의 모습이 TV에 나왔다. 그 시절의 베스트셀러 책과 잡지 등이 여기저기 보였다. 대신 거울은 없었다. 최근 스타일의 옷도 반입이 되지 않았다. 참가 노인들의 사진은 젊은 시절의 것만 허용하였다.

노인들은 20여 년 전 인기였던 영화를 봤고 그 시절의 정치·사회적 주제를 두고 50번 정도 토론하기도 했다.

단, 동사는 과거형이 아니라 현재형이어야 했다. 마치 1959년에 살고 있는 듯이 생각하고 말해야 했다. 그렇게 해서 7일이 지났을 뿐인데, 그들에게 믿기 힘든 일이 일어났다.

일주일 전보다 훨씬 젊어 보였다. 자세가 바르게 되어 앉은 키가 커졌다. 활기가 넘쳐서 삐그덕거리던 노인들이 자발적으로 미식축구 게임도 했다.

엘렌 랭어 교수는 『늙는다는 착각』(유노북스)에서 항목을 좀 더 자세히 열거했는데, 실험 참가들은 "힘, 손의 기민성,

걸음걸이, 자세, 인식, 기억, 인지, 미각 민감성, 청력, 시력" 모두 향상되었다고 한다. 자세나 걸음걸이는 의식적 노력으로 고칠 수 있겠지만, 청력과 시력과 기억력 등 의식의 통제권 바깥에 있는 능력까지 좋아졌다니 입이 떡 벌어질 일이다.

과거로 돌아가서 7일을 보냈을 뿐인데 생체 시계가 수십 년 과거로 돌아가는 게 정말 가능한 일일까. 믿기 힘들다. 실험의 과학성을 떠나서 너무 오래된 실험이어서 신뢰도가 떨어진다.

그런데 비교적 최근에 유사한 실험이 성공을 거두었다. 2010년 엘렌 랭어 교수가 자문을 맡았으며 이전 실험과 거의 똑같은 상황을 재현한 방송 프로그램이 영국 BBC에서 방영되었다.

《더 영 원스 The Young Ones》에는 6명의 나이 든 옛 스타들이 등장했다. 1975년으로 꾸며진 공간에서 1주일을 지낸 후 역시 기적 같은 일이 일어났다.

휠체어를 타고 다니던 한 사람은 일어서서 지팡이를 짚고 걸을 수 있었다. 다른 한 사람은 키가 커졌고 젊어 보였다. 또 양말도 제대로 못 신던 사람은 활력 넘치는 모습으로 마지막 날 디너 파티를 주최했다.

그리고 우리나라 EBS 다큐프라임도 몇 년 후 비슷한 프로그램인 《황혼의 반란, 3부작》을 방영했다. 70~80대의 실험 대상자들에게 20년 전의 환경을 만들어서 1주일가량 지내게 해보니, 그들은 더 젊어 보였고 기억력과 청력과 시력까지 좋아졌다. 노인들이 20년 전 50대의 몸으로 돌아간 듯했다.

어떻게 이런 기적 같은 일이 가능했을까? 엘렌 랭어 교수는 자신이 진행한 실험을 두고 말하길, 정신이 육체에 영향을 끼친 결과라고 설명한다. 자신이 젊다고 생각하니까 육체도 젊어졌다는 말이다. 달리 말해 심리학적 시계가 생물학적 생체 시계를 지배하며 거꾸로 되돌린다는 과감한 관념론적 주장이다.

'마음이 몸을 젊게 한다'는 단순한 명제라면 시시하고 신선도가 낮지만, 엘렌 랭어 교수의 실험이 갖는 더 깊은 함의를 음미하고 나서는 맛이 달라진다.

첫 번째, 엘렌 랭어는 실험을 통해 가능성 살피기의 중요성이 확인되었다고 평가했다. "미리 불가능을 가정하지 말고 가능성에 마음을 열 때, 나이가 몇이건 건강해질 수 있다."는 게 그의 말이다.

나이가 들면 자기도 모르게 불가능 가정이 늘어난다.

"이 나이에 그런 건 불가능해."라면서 먼 산책과 가벼운 등산마저 기피하며 몸을 사리게 된다. 새로운 장르의 책이나 음악을 꺼리는 습관은 "머리가 굳었다."는 불가능의 확신에서 나온다. 그러면 몸과 정신의 활동 반경이 좁아지고 활력이 떨어질 수밖에 없다. 후다닥 빨리 늙는 것이다.

반대로 가능성에 주목해야 더 건강하고 신난다. 20여 년 전 내게 가능했던 것들을 떠올려보자. 뛰어놀기, 춤, 공부, 사랑, 여행 중에서 이제 불가능하다고 단정한 것은 뭔가. 여전히 가능한데 내가 미리 불가능을 가정한 것은 아닌가. 가능성에 주목하면, 세트장의 노인들처럼, 우리 몸과 정신이 건강해질 확률이 높아진다. 나이가 몇이건 상관없이 말이다.

두 번째 이야깃거리는 주변 영향의 힘이다. 엘렌 랭어 교수의 말대로 "노화나 다른 문제에서나 기대하는 사람들로 둘러싸여 있으면 당신은 긍정적 부정적으로 기대치를 충족시키게 된다."

이를테면 노인에 대한 사회적 기대는 약화와 질병이다. 노인 주변인들은 으레 노인은 몸이 잘 부러지거나 병원균에 취약할 거라는 생각을 갖는데, 노인들은 자기도 모르게 그 생각의 기대치 압력에 굴복한다. 당연한 듯이 병원에 이끌려가고, 뭐든 조심하면서 겁쟁이처럼 산다.

과거 세상 세트장에는 그런 심리적 압력이 없었다. "노인이 왜 그렇게 무리를 하세요"라면서 평가하고 영향을 끼칠 젊은 집단이 존재하지 않았다. 그러니 노인들이 약해질 가능성은 낮아진다.

우리 모두 그렇게 살아야 한다. 남의 기대 혹은 편견에서 스스로를 독립시킬 때 더 건강하고 즐겁다. 스무 살이건 여든 살이건 상관 없이 말이다.

세 번째의 중요한 개념은 자기 인식이다. 고령자의 자기 인식이 건강에 지대한 영향을 끼친다.

노인들은 통상 자신의 몸과 정신이 쇠퇴했다고 믿는다. 그 믿음의 강도가 심해서 실제보다 더 약한 존재로 자기를 인식하는 경우가 많다는 게 엘렌 랭어 교수의 평가다. 그런 자기 인식이 노인의 육체적 쇠퇴를 가속화한다. 반대로 자기가 더 젊다고 믿으면 육체적으로 회복된다. 더 젊어지는 것이다. 심리학 실험 세트장의 노인들이 그것을 분명하게 증명했다.

여기서 급진적인 결론이 가능하다. 요약하자면 노화는

최면의 결과일지 모른다는 것이다. 육체가 무기력해져서가 아니라 정신이 무기력해져서 육체의 힘이 빠진다는 뜻이다. 그런데 누가 최면을 걸었을까. 몇몇 비뚤어진 개인들의 소행이 아니다. 바로 젊은 사람 중심 사회의 연령주의가 범인이다.

세월이 가면 노쇠해지는 게 당연하다는 믿음을 명사와 TV와 상식이 퍼뜨리고, 그것의 최면 효과에 걸려든 노인이 노쇠화의 구렁텅이에 빠지고 있다.

엘렌 랭어는 그런 노쇠화된 자기 인식을 벗어던지기만 해도 노쇠와 질병을 역전시키거나 늦출 수 있다고 확신하는 학자이다. 내가 젊어질 수 있다는 적극적인 마인드 셋이 우리를 젊게 한다. 수십 년은 아니더라도 수년은 젊어질 수 있다. 마치 심리학 실험 세트장의 노인들처럼 말이다.

노화는 동아줄이 아니라 고무줄이다. 빳빳하고 굵은 동아줄에 묶였다면 자유의 여지 없이 시시각각 끌려간다. 하지만 신축성 높은 고무줄에 감겨 있다고 생각해 보면, 개인의 의지와 지혜로 노화를 지연시키는 게 가능하다. 가끔은 고무줄을 끊고 여기저기 구경하면서 시간을 보내는 자율이 주어질 것이다.

노화는 가혹하거나 완고하지 않다. 자율과 선택권을 개인에게서 다 빼앗지 않는다. 자신을 젊게 인식하기만 해도 노화의 기세를 꺾어 놓을 수 있다. 반대로 자신이 늙어 빠졌다고 여기는 사람은 노화를 가속화한다. 나이 많은 늙은이가 될 것인가 아니면 나이 많은 청년이 될 것인가. 그것은 자기 이미지에 달려 있다.

밝은 노년을 믿으면,
　　　　　정말로 눈부신 노년이 찾아온다

　　성격이 판이한 중년의 두 친구가 공원 벤치에 앉아 있다.
저 앞에서 노인들이 떠들썩하게 대화하면서 게이트볼을
치고 있다. 두 친구가 노인들을 보며 대화를 시작했다.

　친구 A: 노인들이 참 애쓰고 있다. 하지만 아무
　소용이 없어.
　친구 B: 소용이 없다니? 그게 무슨 뜻이야?
　친구 A : 늙으면 체력이 급속히 떨어져. 절대 다시
　좋아질 수 없어. 기억력도 악화일로인 것은 마찬
　가지야. 그냥 포기하고 사는 게 속 편해.
　친구 B : 내 생각과는 정반대구나.
　친구 A : 넌 어떻게 생각하는데?
　친구 B: 노년이 되어도 노력에 따라 기억력과 체력
　유지가 가능하다고 나는 믿어. 실제로 그런 경우를

많이 봤고.

친구 A는 노년의 건강에 부정적인 생각을 갖고 있는 반면, 친구 B는 긍정적이다. 이제 세월이 이십 년 가까이 흘러서 두 친구가 노인이 되었다. 두 사람의 건강은 어떨까?

친구 A보다는 친구 B의 건강 상태가 더 좋을 확률이 높다. 기억력을 포함한 지적 능력도 B가 우월할 것이다. 노년에 대한 생각이 긍정적이면, 노년에 몸과 정신이 건강해진다는 이야기이다.

그럴듯하다. 하지만 이게 과학적으로 가능한 이야기일까. 근거 없는 통념 아닐까. 아니다. 실제로 과학적인 조사 결과가 그랬다.

미국 예일대 심리학과 베카 레비(Becca Levy) 교수가 '고정 관념 체화 이론'을 주장해서 학계는 물론 언론의 주목까지 받으면 크게 유명해졌다.

고정 관념이 개인의 믿음으로 내면화되어서 무의식적인 영향을 끼친다는 주장이다. 가령, 노인은 운동을 해봐야 건강해질 수 없다는 고정 관념에 갇힌 친구 A에 대해 이야기해 보자. 고정 관념은 체화되어서 친구 A의 신념이 될 테고, 그러면 노화 과정에서 운동을 하지 않은 것이다. 그 결과는 뻔하다. 육체적으로나 정신적으로 건강하기 어렵다. 노인 건강에 대한 고정 관념이 자신에게 그대로 실현되었다.

반대로 친구 B는 노인도 관리만 하면 정신과 육체의 건강을 지킬 수 있다고 믿었다. 그러면 그 믿음은 체화되고 무의식적 영향력을 미치게 된다. 나이 들어서도 더 열심히 운동하고 독서에도 몰두할 것이다. 그러면 몸과 정신이 건강해지는 게 당연하다. 친구 B는 노년 건강에 대한 고정 관념이 자신에게 그대로 실현된 것이다.

상식적인 것 같으면서도 혁신적인 이론을 발표한 베카 레비 교수의 2009년 연구도 유명하다. 젊은 시절에 나이 듦에 대한 부정적 고정 관념을 가진 사람은, 60살에 심혈관 질환을 일으킬 확률이 두 배나 높다는 것이었다. 나쁜 고정 관념은 심장도 타격한다.

베카 레비 교수의 주장은 간단명료하게 정리할 수 있다. 노년을 긍정적으로 생각해야, 노년을 건강하게 보낼 수 있다. 반대로 노년을 부정적으로 생각하면, 노년의 건강이 나빠진다.

그런데 노년에 대한 부정적 견해 중 상당수는 엉터리이다.

베카 레비 교수가 펴낸 『나이가 든다는 착각』(한빛비즈)에서 노년에 대한 가장 흔한 오해를 소개했는데, 그중 중요한 6가지를 선별 하여 정리하면 아래와 같다.

1. 노인은 새로운 것을 배우지 못한다?
: 틀린 생각이다. 새로운 걸 배우면 뇌에서 새로운 신경 세포가 자라는 현상은 평생 죽을 때까지 지속된다.

2. 모든 노인이 치매를 겪는다?
: 잘못된 통념이다. 대부분의 노인은 치매를 겪지 않는다. 65살에서 75살까지 미국 인구 중에서 3.6%만 치매를 앓는다는 통계가 있었다. 그 수치는 갈수록 떨어지고 있다.

3. 노령층은 부상에서 회복하지 못한다?
: 오해다. 대부분의 노인은 부상에서 회복되며 특히 나이에 대한 긍정적 믿음은 가진 노인은 완전히 회복할 가능성이 훨씬 높다.

4. 나이 든 직장인은 효율성이 낮다?

: 틀린 생각이다. 나이 든 사람들이 병가가 적고 직업 윤리가 강하며 때로는 혁신적이라는 연구 결과가 있다. 또 어떤 연구에서는 나이 든 사람이 포함된 팀이 훨씬 효율적이었다.

5. 인지능력의 하락은 피할 수 없다?

노년기에는 대인관계 능력, 갈등 해결 능력, 다양한 관점을 고려하는 능력이 높아진다는 연구가 있다. 또 메타 인지 능력도 상승하는 것으로 나타났다. 메타 인지는 '생각에 대해서 생각'하는 고차원적 능력이다. 독자들의 이해를 돕기 위해 몇 가지 예를 추가해 본다. 이를테면 "내가 지금 무슨 생각을 하고 있나"라고 생각하는 게 메타 인지 능력이다. 또 "내가 문제를 잘 이해했나"라고 점검하거나 "내가 두려워하는 것은 아닌가" 성찰하는 것도 메타 인지 능력에 속한다.

6. 노년의 건강은 생물학적으로 결정된다?

: 틀린 생각이다. 앞에서 보았듯이 심리학적 요인도 크게 작용한다. 노화에 대해서 긍정적인 견해를 가졌다면 기억력이 좋아지고 심혈관질환의 가능성이

낮아진다. 물론 유전도 중요하지만 심리도 노년의 건강에 큰 영향을 끼친다.

고령자도 새로운 것을 배울 수 있고, 치매는 흔하지 않으며, 부상에서의 회복도 가능하다. 또 나이 든 직장인의 효율성이 더 높고, 나이 들어도 인지 능력 중 일부는 오히려 우월해지며, 마음이 건강을 좌우한다.
신비롭다. 위와 같은 긍정적 사실을 읽기만 해도 마음이 밝아진다. 늙어도 두려울 게 없다는 낙관도 생긴다. 그런 밝은 낙관이 실제로 이루어질 확률이 높다. 노화를 음해하는 온갖 부정적 소문을 떨쳐버리고, 밝은 진실을 믿어야 한다.

이 책의 주된 목표도 노화에 대한 부정적 편견의 타파이다. 그래서 노화가 오히려 긍정적일 수 있다는 점을 앞에서 꾸준히 이야기해 왔다. 상기를 위해 몇 가지 다시 정리해 보면 이런 것들이다.

나이가 들면 자신의 인생을 사랑하게 된다.
노화와 함께 밝고 행복한 기억이 늘어난다.
고연령층은 인생에 대한 뜨거운 사랑을 느낀다.
언어 능력은 인생 끝까지 계속 성장한다.

노년에도 창의성은 성장한다.

하기 싫은 일은 하기 싫다고 말하는 용기와 자유를 얻는다.

나이 든 사람의 진정한 아름다움을 알게 된다.

남의 눈치를 보지 않고 행복해질 수 있다.

마음이 부드러워지고 관용적으로 된다.

노안과 청력 손실의 장점도 있다.

대체로 과학적 연구를 통해 확인된 행복하고 긍정적인 사실들이다. 마음에 새겨서 내면화하고 신념화하는 과정을 거쳐보자. 자부심과 낙관주의가 넘치는 노년 시절을 맞을 수 있을 것이다.

자전거를 버린 물고기와
노인을 위한 나라

　여기는 버스 정류장이다. 고령의 부부가 버스에 오른다. 무릎이 좋지 않은지 느리게 겨우겨우 계단을 밟고 탑승한다. 젊은이라면 한 2초 만에 뛰어오를 텐데 숨을 몰아쉬는 노인은 10배 넘는 시간이 걸린다. 승객들은 조급해하고 답답해한다.

　버스에 겨우 오른 노인들은 사람들 눈치를 살피다가 버스 기사와 앞좌석 승객에게 고개를 숙이며 사과한다. "미안합니다. 저희 때문에 시간을 허비하게 해서 정말 죄송해요."

　그런데 느리게 탑승해서 승객들을 답답하게 만든 게 노인들의 죄일까. 근력과 심폐 기능이 약한 게 비난받을 죄책일 수는 없다. 굳이 책임을 따진다면 아마 세상의 잘못도 있을 것이다. 세상이 젊고 건강한 사람에 맞춰 디자인된 것이 문제라면 문제다. 이를테면 버스

설계에 책임이 있다. 만일 바닥이 낮고 계단이 없는 저상버스였다면 노인도 더 빠르게 탔을 테고 승객들과 노인 부부 모두 마음이 불편해지지 않았을 것이다.

노인의 경우만 그런 게 아니다. 계단 높은 버스는 6살 어린이에게도 높은 산이다. 겨우 버스에 오른 어린이가 "제가 너무 작고 약해서 승객 여러분에게 피해를 줬어요. 너무나 죄송합니다"라고 사과한다고 해보자. 있어서는 안 되는 일이다.

승객들의 타박은 더욱 말이 안 된다. 어린이에게 왜 이렇게 느리게 탔냐고 비난한다면 그는 정상의 범주에서 벗어난 사람이다. 또 아이가 버스에 빨리 오르지 못할 거라면 택시를 타든지 하지 왜 사람들에게 피해를 주냐고 엄마에게 비난한다면, 비인간이다.

버스 탑승이 느렸던 것은 6살 어린이 잘못인가. 아니면 젊은 어른의 보폭에 맞춰 설계된 버스가 디폴트인 사회의 문제인가. 후자라고 봐야 합리적이고 공정할 것 같다.

노인 이야기로 돌아가 보자. 노인의 삶이란 무엇인가. 맞지 않는 옷을 입고 다니는 사람의 처지와 비슷하다. 하버드 대학교 엘렌 랭어 교수(심리학)는 이렇게 말한다.

"나이 든 사람은 젊은 사람과 다르다. 그런데 나이 든 사람들은 자신에게 맞지 않게 디자인된 환경에 맞춰가면서 하루하루 살아가야만 한다."(『늙는다는 착각』)

버스만 노인에게 불편한 게 아니다. 노인 친화적이지 않은 환경 요소는 숱하게 많다. 건물의 계단 높이와 기울기는 노인을 위해 설계하지 않는다. 문짝의 무게나 조명 밝기도 평균적인 젊은 사람을 배려해서 결정한다.

북적거리는 지하철 플랫폼은 노인에게(어린이라면 더욱) 위험하다. 책과 스마트폰과 식당 메뉴판의 글자 크기도 젊은 사람의 시력에 맞춰 결정되며, 노인은 적응할 수밖에 없다. 스마트폰 등 디지털 기기의 사용성 난이도를 결정할 때도 젊은 사용자가 우선이다. 또 ATM 기기의 버튼 크기도 노인에게는 충분하지 않다.

휴식 문화에서도 노인은 주변적 집단으로 여겨진다. 가족들과 놀이공원에 가보면 나이 든 할머니 할아버지는 벤치에 앉아 몇 시간이고 기다려야 한다. 어디 그뿐인가. 햄버거나 커피를 주문할 때는 물론이고 돈을 찾거나 송금하는 일도 노인에게는 점점 어려워진다. 영화 제목이 대변하는 것처럼 "노인을 위한 나라는 없다."

노인은 어쩌다 이렇게 불편한 세상에 살게 되었을까. 연령주의(연령차별주의)와 무관하지 않다.

연령주의는 두 개의 측면을 갖는다. 하나는 생각이고 다른 하나는 제도다. 노화에 대한 "부정적 태도와 고정 관념에 기초한 사고방식"이 연령주의의 정신적 특징이다. 그리고 "모든 사람이 젊다는 가정하에 사회를 구조화하는 경향"이 사회 제도의 측면이다.(『나는 에이지즘에 반대한다』)

노인에 대한 부정적인 사고방식은 다른 곳에서 또 이야기하기로 하자. 여기서 말하는 것은 사회 제도의 문제다. 사회가 만드는 제도나 구조가 노인에게 맞지 않은 경우가 많다. 노인은 없는 셈치고 젊은이 중심으로 계단, 건물, 전자제품, 공원 등을 설계하는 듯하다. 세상은 젊은이가 중심이고 노년층은 주변이다. 그리고 기술 사회의 변화가 빨라지면서 노인의 주변화도 더 빨라지고 있다.

그런데 이런 우울한 이야기를 왜 하는가. 무례한 이 세상을 격렬히 비난하거나 확 뒤집어버리자고 선동할 의도는 없다. 연령주의가 분명 해롭지만 연령주의를 금방 일소하겠다는 의지가 더욱 해롭다. 적응하고 인내하고 이해하는 것이 중·노년의 보수적인 미덕이다.

특히 노년층에게 강조하고 싶은 것은 따로 있다. 자책하지 말자는 것이다. 나이 들면 미안한 일들이 많다. 버스나 지하철이나 엘리베이터에서 젊은이들처럼 빠르지 못해 민폐를 끼치는 게 아닌가 싶을 때도 더러 있다.

마트 계산대에서 회원번호를 입력하는 것도 만만찮다. 그 작은 숫자 패드를 잘못 눌러 몇 번 반복하느라 시간 끌 때도 뒷사람에게 미안하다. 햄버거집 키오스크 앞에서도 똑같다. 그렇게 어렵고 미안한 일이 생기는 게 노인들로서는 참 부담스럽다.

나의 아버지와 어머니는 음식점 키오스크를 피하고 은행 자동화 기계도 가능하면 안쓰려고 하신다. 그런 것들에 위축된 부모님이 안쓰러워서 여쭤봤다.

"뭐라고요? 키오스크를 쓸 바에야 차라리 음식 주문을 안 하겠다고요? 편하게 해보세요. 몇 번 시도하면 익숙해지실 거예요."
"싫다. 기다리는 뒷사람에게 미안하다. 이유가 또 있다. 그것도 사용 못 하는 내가 창피해서도 싫다. 내가 생각해도 내가 바보 같다."

어머니나 아버지 생각이 비슷했다.
남에게 미안하면서도 자신에게 부끄러웠던 것이다.

그런데 내 생각에는 미안한 건 몰라도 부끄러워할 이유는 없다는 게 중요하다. 신문물에 적응 못 하는 건 오히려 자연스럽다. 특히 노년층이 키오스크나 스마트폰 어플에 익숙하지 않은 건, 당연한 일이다. 그것들은 새로울 뿐 아니라 젊은이들 위주로 제작된 것이기 때문이다.

노인들은 폐를 끼치는 사람이 아니다. 나이 든 사람일 뿐이다. 노화하면서 팔다리가 아프고 몸이 느려지는데 그것은 그건 본인 잘못이 아니다. 한때 젊은 시절에는 이 세상의 디자인에 적합했지만 이제는 아닐 뿐이다.

나이 듦은 불편한 일이다. 가끔은 몹시 서글프기도 하다. 그걸 부정할 수 있는 사람은 아무도 없다. 하지만 우리가 인식하지 못할 뿐 중·노년이어서 신나는 일도 많다.

이 세상 디자인의 중심인 젊은 세대에 비해 연로하기 때문에 오히려 행복한 일들, 그 뜻밖의 축복을 공유하는 게 이 책의 목표였다. 이를테면 이런 사실들이다.

젊을 때 가장 행복한 게 아니다. 70살은 되어야 행복하다. 젊은 시절에는 들뜨고 신나야 기분이 좋아진다. 중·노년에는 마음의 평화가 주는 그 깊은 행복감을 음미할 수 있다. 늙어 혼자 살게 된다고 해도, 경제력과 인간관계가 유지된다면 홀가분하고 기분 좋게 살 수 있다. 나이 들수록 마음의 탄력성이 좋아져서, 슬픔이나 좌절을 금방 잊고 다시 행복해질 수 있다.

인간은 삶의 마지막 순간까지 완성되는 기쁨을 누릴 수 있다. 그러니까 버스, 지하철, 식당 등에서는 좀 불편하지만, 편하고 즐거운 것도 많다는 이야기다. 그러니 자책하거나 자조할 필요가 없고, 자기 나이를 원망할 이유는 더더욱 없다. 중·노년은 기분 좋게 즐길 수 있는 나이다.

나로 말하자면 가끔 '자전거를 버린 물고기'가 되어도 괜찮다고 믿는다. 자전거와 물고기 이야기는 앞서 언급한 하버드대 엘렌 랭어 교수의 『늙는다는 착각』에서 나온다.

물고기는 자전거를 타고 달릴 수 없다. 그런데 왜 그 쉬운 걸 못 할까. 엘렌 랭어 교수는 자전거의 모양 문제를 지적한다. 자전거가 "팔이 두 개, 다리 두 개, 엉덩이가 뚜렷한 생명체를 위해 디자인된 장치"인게 원인이라는 것이다. 자전거와 물고기 이야기는 노인에게 불친절한 세상을 야단치기 위한 비유이다.

팔순을 넘은 나의 부모님에게 사회는 그 자전거와 같다. 불편한 게 많다. 세상이 점점 이질적으로 되어가는 과정이 노화다. 아마 나도 그렇게 될 것이다. 하지만 불만하지 않으려 한다.

자전거를 타는 편리를 깨끗이 포기하고, 물속을 자유롭게 수영하면 되니까 더 이득일지 모른다. 젊은이는 자전거를 타고, 노인은 헤엄을 치면 된다. 각자의 즐거움이 있고 각자의 행복이 있다.

나는 자전거를 버리고 노년의 고유한 자유와 평화와 성장을 추구할 생각이다. 그게 개인의 주관적 바람이 아니라 객관적으로 가능한 목표이니 얼마나 다행인가.

자전거를 버리고, 물속에서 신나게 헤엄칠 생각을 하면 기분이 썩 괜찮아지고 나이 든 부모님이 얼핏 부러워 보이는 신기한 시기심에까지 빠지게 된다. 좁은 자전거 전용 도로 옆의 넓은 강물을 본다. 노인을 위한 나라는 있다.

★
  ★

도서출판 이비컴의 실용서 브랜드 **이비락**(樂) 은 더불어 사는 삶에 긍정의 변화를
줄 유익한 책을 만들기 위해 노력합니다.

원고 및 기획안 문의 : bookbee@naver.com